TECHNIQUES ET PRATIQU

Adrien Payet

Activités théâtrales en classe de langue

À mon premier professeur de théâtre, Dominique Joubert, pour m'avoir transmis sa passion.

À Aline Bredelet pour m'accompagner dans ma vie et dans mes projets.

À Catherine Leibovici, Roch Payet, Marie-Hélène Magny, et à mes joyeux compagnons de théâtre : Julien Latournerie, Céline Rainoird, Claudia Cabrero, Mathieu Lelarge ainsi que Arrate Dominguez et Hermelinda Puyod de l'association *Kaleidos*, pour leur aide et leurs précieux conseils.

À tous mes élèves qui chaque jour donnent vie à cette activité.

Directrice éditoriale : Michèle Grandmangin-Vainseine
Édition : Brigitte Faucard
Illustrations : Carlos Bribián Luna
Conception maquette et mise en pages : Alinéa
Couverture : Alinéa

 ISBN : 978-2-09-038226-6

Sommaire

Avant-propos 9

I. LES ACTIVITÉS THÉÂTRALES EN CLASSE DE LANGUE

PREMIÈRE PARTIE

APPROCHE THÉORIQUE ET MÉTHODOLOGIQUE

Chapitre 1. Avantages des activités théâtrales en classe de langue

Au niveau pédagogique 13
Au niveau personnel 19
Les difficultés à surmonter 20

Chapitre 2. Quels types d'activités proposer ?

La dynamisation 25
Les jeux de découverte 27
Les scénettes 27

Chapitre 3 : Méthodologie de l'activité

Phase de préparation 31
Phase de réalisation 36
Phase d'exploitation 39

DEUXIÈME PARTIE

FICHES PRATIQUES

NIVEAUX A1 / A2

Objectif 1. Se présenter

Fiche 1 Se présenter au groupe 44
Fiche 2 De quoi est fait ton prénom ? 45
Fiche 3 Les prénoms de mes voisins 46
Fiche 4 Qui êtes-vous ? 47
Fiche 5 Je te présente... 48

Objectif 2. Exprimer ses goûts

Fiche 6 De j'adore à je déteste 49
Fiche 7 Mon meilleur ami 51

Fiche 8 L'interview de star 52
Fiche 9 Conseils d'ami(e) 53
Fiche 10 Les petites annonces sentimentales 54

Objectif 3. Se situer dans l'espace

Fiche 11 Guide pour non-voyant 55
Fiche 12 L'autobus 56
Fiche 13 Pardon monsieur... 57

Objectif 4. La vie quotidienne

Fiche 14 Le réveil 58
Fiche 15 L'arrêt de bus 59
Fiche 16 Chez le médecin 60
Fiche 17 Faire les courses 61
Fiche 18 Chez le coiffeur 62

Objectif 5. Décrire quelqu'un

1) Physiquement

Fiche 19 Face à face 63
Fiche 20 Au bout des doigts 64
Fiche 21 Le défilé de mode 65

2) Psychologiquement

Fiche 22 Le caractère 66
Fiche 23 L'homme ou la femme idéal(e) 67

Exploitation du vocabulaire

Général

Fiche 24 Les quatre points cardinaux 68
Fiche 25 Les statues personnages 69

Les couleurs

Fiche 26 Les balles de couleurs 70
Fiche 27 Symbolique des couleurs 71

Les nombres

Fiche 28 À la poubelle ! 72
Fiche 29 De 1 à 10 73

Les parties du corps

Fiche 30 La matière 74
Fiche 31 Nez à nez 75

La maison

Fiche 32 Chez moi, il y a... 76

Jeux sur la grammaire

Impératif

Fiche 33 Le chef cuisinier ... 77

Les temps du futur

Fiche 34 Le voyant ... 78

Verbes et adverbes

Fiche 35 Comment fais-tu ? ... 79

Syntaxe

Fiche 36 Le compositeur ... 80

NIVEAUX B1 / B2

Objectif 1. Raconter au passé

Raconter une anecdote

Fiche 37 50/50 ... 81
Fiche 38 Le menteur ... 82
Fiche 39 La déposition ... 83

Raconter la vie des gens

Fiche 40 Les commères ... 84

Raconter un film ou un roman

Fiche 41 L'histoire en direct ... 85
Fiche 42 La critique ... 86

Témoigner

Fiche 43 Le procès ... 87
Fiche 44 Le fait divers ... 89
Fiche 45 L'hallucination ... 90

Objectif 2. L'intégration au monde du travail

La recherche d'emploi

Fiche 46 La reconversion ... 91

L'expérience professionnelle

Fiche 47 La bonne paire ... 93
Fiche 48 Le curriculum ... 94
Fiche 49 Retour vers le passé ... 95

Objectif 3. Comprendre et interpréter l'information des médias

Fiche 50 La télévision ... 96
Fiche 51 Les différents points de vue ... 97

Objectif 4. Donner des conseils

Fiche 52 Au bout du monde ... 98
Fiche 53 La drague ... 99

Objectif 5. Débattre et défendre ses opinions
Fiche 54 Le débat télévisé ... 100
Fiche 55 La querelle ... 102

NIVEAUX C1 / C2

Objectif : Convaincre
Fiche 56 L'expert ... 103
Fiche 57 La campagne présidentielle ... 104
Fiche 58 La chaise convoitée ... 105
Fiche 59 Le projet ... 106
Fiche 60 L'amende ... 107

II. LE PROJET THÉÂTRAL

PREMIÈRE PARTIE

APPROCHE THÉORIQUE ET MÉTHODOLOGIQUE

Chapitre 1. Avantages du projet théâtral en langue étrangère ... 111

Chapitre 2. Méthodologie du projet
Définir son public ... 115
Travail autour du texte ... 119
La mise en scène ... 127
La scénographie ... 131
La technique ... 135
Organisation du spectacle ... 140

DEUXIÈME PARTIE

FICHES PRATIQUES

La dynamisation
Fiche 61 Regarder autrement ... 149
Fiche 62 La toupie ... 150
Fiche 63 Grille-pain / Palmier / Éléphant ... 151
Fiche 64 Accumulation de gestes ... 152
Fiche 65 La bouteille ivre ... 153
Fiche 66 Les démarches ... 154
Fiche 67 Hip, Hop, Hup et compagnie ... 155

La gestuelle

Fiche 68 Jeux de miroir ... 157
Fiche 69 La pâte à modeler ... 158
Fiche 70 La course au ralenti ... 159
Fiche 71 Exagération gestuelle ... 160
Fiche 72 Les statues ... 161
Fiche 73 À la suite ... 162
Fiche 74 La machine infernale ... 163
Fiche 75 La machine de groupe ... 164

Les improvisations gestuelles

Fiche 76 La présentation gestuelle ... 165
Fiche 77 Le banc ... 166
Fiche 78 Les bras de l'autre ... 167
Fiche 79 La cabine téléphonique ... 168
Fiche 80 Le doublage ... 169

La voix

Fiche 81 Respiration abdominale ... 171
Fiche 82 Les trois 6 ... 172
Fiche 83 Décontraction faciale ... 173
Fiche 84 Décontraction au sol ... 174
Fiche 85 Apprendre à écouter en silence ... 175
Fiche 86 Les boules d'énergies ... 176
Fiche 87 La fleur ... 178
Fiche 88 Le couloir ... 179
Fiche 89 Obstacle sonore ... 180
Fiche 90 Les miroirs sonores ... 181
Fiche 91 La cible ... 182
Fiche 92 Imitations sonores ... 183

L'improvisation

Fiche 93 Les trois lieux ... 185
Fiche 94 Tranches de vie ... 186
Fiche 95 Le diaporama ... 187
Fiche 96 Le trou ... 188
Fiche 97 La transformation ... 189
Fiche 98 La chaise personnage ... 190
Fiche 99 Le traducteur ... 191
Fiche 100 Insertion de phrases ... 192
Fiche 101 Les jeux de la scène et du hasard ... 193
Fiche 102 Le relais ... 194

Les émotions

Fiche 103 L'attrape-émotion ... 196
Fiche 104 La rencontre ... 197
Fiche 105 Lecture multiple ... 198
Fiche 106 : Le masque ... 199
Fiche 107 Le passage des émotions ... 200
Fiche 108 Les cartes des émotions ... 201
Fiche 109 La piscine ... 202
Fiche 110 Dominant/dominé ... 203

Bibliographie ... 205

Avant-propos

Ce livre est le fruit d'un travail de terrain, réalisé en collaboration avec les apprenants et les enseignants de français langue étrangère de par le monde. À travers les stages de formation, j'ai pu constater le vif intérêt que les professeurs de langues ont pour le théâtre, ainsi que les doutes qui freinent habituellement leur enthousiasme. En effet, certains obstacles, comme la crainte de perdre son rôle d'enseignant, la passivité des apprenants ou le manque de temps peuvent empêcher la réalisation de cette activité.

Le but de cet ouvrage est de répondre à ces questionnements et d'accompagner le professeur dans la mise en pratique des activités théâtrales, grâce à une réflexion méthodologique suivie d'exercices pratiques.

Les activités théâtrales ont connu un large essor ces dernières années, grâce au développement des approches communicatives et actionnelles dans la didactique des langues étrangères. Enseignants et apprenants passionnés de théâtre préparent chaque année des pièces de qualité qui se produisent dans les établissements publics et privés, les théâtres locaux et les nombreux festivals francophones. Nous ne pouvons qu'inciter les professeurs à suivre cet exemple et vivre une expérience humainement et pédagogiquement enrichissante.

Acteur et metteur en scène de profession, je me suis intéressé à la didactique du français langue étrangère dans une recherche pédago-artistique. Cette démarche m'a amené à adapter des jeux provenant du milieu théâtral dans un but pédagogique. Les exercices de théâtre se transmettent et se transforment constamment d'un atelier à l'autre si bien que leur origine est difficilement identifiable. On retrouvera bien sûr l'empreinte de grands maîtres, comme Constantin Stanislavski, Jacques Lecoq ou encore Augusto Boal. Cet ouvrage n'aurait pas pu se faire sans l'aide précieuse de tous les enseignants et les professionnels du spectacle avec qui nous avons échangé et partagé nos expériences.

L'ouvrage est organisé en deux grands volets comprenant chacun un objectif spécifique. Chaque volet comporte une approche théorique et méthodologique et des fiches pratiques.

Le premier volet vise à intégrer des activités théâtrales pour travailler l'oral en classe de langue. Il s'adresse aux enseignants de français langue étrangère, mais peut s'adapter en grande partie à l'apprentissage des langues étrangères en général.

Nous explorons, dans un premier chapitre, les avantages des activités théâtrales, en indiquant les difficultés qu'elles génèrent et en donnant des pistes pour les surmonter. Dans un deuxième chapitre, nous définissons les types d'activités réalisables en classe. Le troisième chapitre propose une réflexion méthodologique sur l'activité afin d'aboutir à son application concrète en cours.

La deuxième partie de ce volet est composée de soixante fiches pratiques, classées par objectif pédagogique et par niveau, suivant les indications du Cadre Européen Commun de Référence pour les langues (CECR). Grâce aux nombreuses variations proposées dans cette première partie de l'ouvrage, l'enseignant a à sa disposition une centaine d'activités.

Le second volet s'adresse aux enseignants désireux de mettre en place un projet théâtral dans leur classe ou en activité extrascolaire. Nous espérons également aider les professionnels du théâtre à s'adapter au public d'apprenants de français langue étrangère.

Dans un premier chapitre, nous proposons une réflexion sur les atouts du projet, particulièrement en ce qui concerne la cohésion de groupe et le développement personnel. Dans le chapitre suivant, nous définissons les grandes étapes du projet de manière chronologique. Après la phase de préparation et de mise en place de l'atelier, nous présentons différentes techniques pour aborder le texte. Nous proposons également une initiation à la mise en scène, à la scénographie et à la technique ainsi que des conseils d'organisation et de gestion du groupe.

La deuxième partie est composée de cinquante fiches pratiques visant à préparer les apprenants au jeu d'acteur. Les exercices sont classés par niveau de français et par objectif théâtral : la dynamisation, la gestuelle, la voix, l'improvisation et l'interprétation des émotions.

Le théâtre se vit plus qu'il ne s'explique. Nous invitons tous les enseignants à voir des pièces et à participer à des formations théâtrales pour partager ce vécu et ces expériences avec leurs classes.

I. Les activités théâtrales en classe de langue

Première partie

Approche théorique et méthodologique

Chapitre 1 Avantages des activités théâtrales en classe de langue

L'intégration d'activités théâtrales en classe de langue offre de nombreux avantages tant au niveau pédagogique que personnel. Nous analyserons dans ce chapitre ses différents atouts afin d'en saisir les applications possibles en classe. Puis nous évoquerons les principales difficultés que les professeurs risquent de rencontrer et nous donnerons des pistes pour les surmonter.

AU NIVEAU PÉDAGOGIQUE

Dynamiser la classe

Prendre plaisir à s'exprimer pleinement en langue étrangère est une satisfaction qui à elle seule donne un sens à l'activité. Les apprenants, devenant acteurs de leur propre apprentissage, s'investissent davantage dans le cours. Il en résulte naturellement une hausse de motivation et de dynamisme dans les activités d'oral. En ce sens, le théâtre est un formidable moteur de motivation pour la classe. Certains apprenants découvrent des talents d'interprétation, d'autres franchissent les barrières de leur timidité. Comme nous le verrons plus loin, l'activité théâtrale génère aussi des peurs et des blocages. Nous conseillons de commencer les séances par des exercices de dynamisation (cf. chapitre sur la dynamisation) afin de sortir du cadre classique d'enseignement. Favorisant l'écoute et la concentration, ces jeux créent une cohésion de groupe indispensable au bon fonctionnement de l'activité.

Travailler l'oral de manière ludique

Une nouvelle approche de la langue vivante

La finalité du théâtre en classe est de stimuler la prise de parole en langue étrangère et de donner vie à cette langue. Dans le cadre scolaire, les apprenants s'interrogent parfois sur la nécessité de « parler » français. En effet, il n'est pas toujours aisé de trouver des interlocuteurs natifs. Certains pensent qu'ils n'auront pas l'occasion de le pratiquer dans leur vie professionnelle ou personnelle. Le rôle du professeur est alors de susciter chez l'apprenant un désir de s'exprimer en langue étrangère non pas dans une perspective future mais dans le présent. En proposant une activité théâtrale, on crée des situations de communication – certes fictives – mais qui permettent un réel échange langagier et humain. Pendant la réalisation des activités, les apprenants sont en immersion totale dans le monde théâtral et francophone. Ils jouent sur scène, à travers leur personnage, des situations réalistes ou imaginaires du monde extérieur. Shakespeare écrivait : « *Le monde entier est un théâtre, et tous, hommes et femmes, n'en sont que les acteurs.* » Dans notre cas, les acteurs et les personnages ne parlent pas la même langue et n'ont pas la même culture mais cela ne les empêchera pas de se rencontrer.

À travers le théâtre, l'expression orale revêt un intérêt nouveau aux yeux de l'apprenant. L'activité vise une communication globale, intégrant la gestuelle, la voix et la transmission des sentiments. Dans ce contexte, l'apprenant prend plaisir à découvrir sa voix en langue étrangère et à utiliser les rythmes et intonations adaptés à chaque situation. La parole en langue étrangère prend alors un sens immédiat pour l'apprenant. Il découvre au fur et à mesure de son apprentissage qu'il est capable de s'exprimer, de penser et de raisonner en utilisant les mécanismes de la langue étrangère.

Exploiter ses possibilités vocales

D'une langue à l'autre, notre corps doit s'accorder comme un instrument de musique pour faire sortir des sons et des tonalités différentes. Les pratiques théâtrales nous aident à explorer et à accorder notre instrument vocal.

La première étape consiste à prendre conscience de sa propre voix et de ses mécanismes. La voix vient du souffle et dépend donc en premier lieu de la respiration. En théâtre, comme en chant, nous travaillons essentiellement sur la respiration abdominale, permettant d'expulser le son avec puissance, sans forcer sur les cordes vocales. Plus tard, on transformera ce son en mots et ces mots en phrases. Pour visualiser la respiration, on demandera aux apprenants de mimer qu'ils sortent un long fil de leur bouche pendant toute la durée de l'expiration.

Les exercices logo-cinétiques permettent aux apprenants de prendre conscience de leur appareil phonatoire et les préparent à l'articulation. Les apprenants découvrent ainsi tous les sons que leur bouche peut produire, tout comme le saxophoniste qui essaye chaque touche pour voir ce qui en sort. Ces sons sont localisés à travers les résonances et les vibrations. Les apprenants prennent conscience du mouvement de leurs lèvres, de leur langue et de leur palais quand ils émettent des consonnes et des voyelles.

Exemple 1 : visualisation de la cavité buccale

Les apprenants mettent leurs mains sur les joues et placent les auriculaires sur les commissures des lèvres. La bouche est ouverte intérieurement, en position de bâillement. Ils répètent plusieurs fois, sur une même note, les sons O-A,

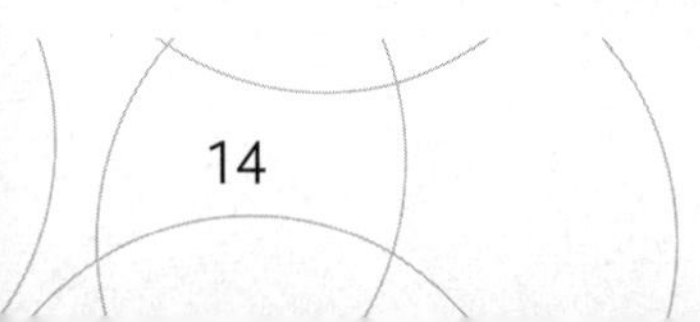

puis O-E. Ils poursuivent l'exercice avec O-É, O-I et O-U. Enfin, ils prononcent tous ces enchaînements les uns à la suite des autres.

Pour les consonnes on prononcera le P, le F et le R en exagérant au maximum. Le P est projeté, le F aide à percevoir et à contrôler l'air expiré, le R est vibratoire. Puis on prononcera exagérément PA, PE, PI, PO, PU et on continuera avec toutes les consonnes possibles.

Partons maintenant à la découverte des caisses de résonance. Il s'agit de comprendre l'origine du son émis en se servant des différentes parties de notre corps appelées « résonateurs ». Les apprenants sont debout, en cercle, et doivent émettre les sons suivants, en recherchant les résonances indiquées :

– le son [a] : le résonateur est la poitrine. Si on met la main sur la poitrine, on doit ressentir une vibration très nette.

– le son [e] : le résonateur est placé sur la nuque. On émet le son vers l'arrière comme un chanteur d'opéra.

– le son [i] : le résonateur est le sommet du crâne. Le son est très aigu, très haut perché.

– le son [o] : le résonateur est au niveau des reins ou en haut des côtes. Le son est grave.

– le son [y] : le résonateur se trouve sur les joues, au niveau de la mâchoire.

Découvrir et jouer les sonorités de la langue étrangère

Une fois le fonctionnement de notre appareil phonatoire assimilé, la recherche des nouvelles sonorités peut commencer. C'est alors que nous identifions les particularités phonétiques de la langue étrangère. Comme un musicien ajoutant de nouvelles notes à son répertoire, l'apprenant émet les nouveaux sons en recherchant les résonances et vibrations repérées lors des exercices logocinétiques.

Comme notre approche est théâtrale, nous cherchons à vivre les sonorités de la langue étrangère en les interprétant. Chaque son est associé à une image clairement identifiable.

Exemples :

– pour le [ʀ] : prononcer le mot TIGRE en interprétant l'animal qui ramène sa patte vers lui, griffe sortie, en insistant sur le R.

– pour le [s] : prononcer le mot SERPENT en réalisant un mouvement ondulatoire à partir des hanches et en prolongeant le S.

Ces exercices, qui proviennent de l'orthophonie, servent de base mnémotechnique pour l'acquisition des sonorités. Les apprenants identifient le son grâce au geste et à sa représentation imagée. On peut exploiter de la même manière tout autre champ lexical en fonction de l'âge et du niveau des apprenants.

Le mouvement corporel permet de différencier les sons les plus souvent confondus par les apprenants. Par exemple, pour différencier le [y] : U du [u] : OU, nous travaillons sur le texte *Sans dessus dessous* de Raymond Queneau. Dans un premier temps, le professeur lit le début du texte et les apprenants lèvent le bras quand ils entendent le mot *dessus* et le baissent au mot *dessous*. Puis un apprenant lit la suite du texte et ses camarades continuent les gestes. La scène peut ensuite être lue à plusieurs voix et le reste de la classe joue les montées et les descentes dans un mouvement d'ensemble.

Du geste à la parole

Progression du geste à la parole

Le théâtre est un outil particulièrement adapté pour établir le lien entre expression orale et corporelle. Prendre conscience de son corps et clarifier sa gestuelle optimisent la communication en langue étrangère. Dans une conversation, lorsque le lexique vient à manquer, on se sert de manière quasi instinctive du langage corporel pour se faire comprendre. La communication non verbale véhicule de nombreux messages que les mots ne peuvent dire. Pour que les apprenants comprennent l'importance de l'expression corporelle, nous leur demandons de jouer une scène de rencontre entre deux étrangers. L'un des deux personnages parle français, l'autre sa langue maternelle et ils ne se comprennent pas. Petit à petit, ils ne s'expriment plus que par des gestes. La communication devient alors limpide et naturelle. On demande au reste de la classe de traduire ce qui a été « dit » par les gestes.

Nous conseillons de commencer les activités théâtrales par des jeux gestuels pour arriver pas à pas à l'expression orale. Il est particulièrement intéressant de proposer ce que Jacques Lecoq appelle le « rejeu », c'est-à-dire *restituer les phénomènes de la vie, sans aucune transposition, sans exagération, dans la plus grande fidélité au réel, à la psychologie des individus.* Nous travaillons sur des situations de la vie quotidienne, sans jouer, sans parler ni penser au public. Par exemple, deux inconnus dans un ascenseur, des personnes dans une salle d'attente ou encore dans le métro. De ces situations silencieuses émanent souvent le désir de parler. L'expression orale n'est pas interdite mais elle n'a d'intérêt que si elle ajoute quelque chose à l'action. Quand la prise de parole est ressentie comme une nécessité, il n'y a plus de bavardage possible. Dans cette situation silencieuse *on se trouve dans un état de pudeur qui permet à la parole de naître du silence, donc d'être plus forte en évitant le discours, l'explicatif.* (Jacques Lecoq). Amenés de la sorte, les mots sont perçus comme une richesse par les apprenants. Les improvisations gestuelles rassurent les débutants car elles leur permettent de s'exprimer sans blocage. Un apprenant possédant un faible lexique s'en sortira très bien s'il arrive à placer « ses mots » au bon moment. Le jeu parlé prend place peu à peu en fonction de la progression des apprenants, jusqu'à trouver un juste équilibre entre expression orale et corporelle.

Une communication globale

Les études sur la PNL (Programmation Neuro Linguistique) ont dévoilé comment notre corps véhicule des informations au-delà de notre volonté. La posture, la démarche, la position du regard émettent un grand nombre d'informations sur le communicant. Chaque mouvement, aussi minime soit-il, est porteur d'un sens, qu'il soit transmis à une personne ou à un public. Les activités théâtrales amènent à une prise de conscience sur notre façon de communiquer. En tant que spectateurs, les apprenants sont régulièrement invités à s'exprimer sur ce qu'ils ont vu ou entendu. Dans ces discussions, nous nous interrogeons sur la signification ou l'utilité des gestes qui ont été effectués par les élèves-acteurs. Quel sens donnons-nous à l'action de tourner en rond, de mettre la tête dans ses mains, de se tenir courbé, ou encore de se figer comme une statue ? Chaque mouvement ou représentation visuelle transmet de nombreuses informations aux spectateurs. Les élèves-acteurs apprennent à clarifier leur gestuelle pour donner des informations de plus en plus précises. Nous pourrions comparer ce théâtre à un miroir subtilement amplifié de la vie réelle où les actions sont plus claires et expressives.

Pour optimiser sa communication, la première étape consiste à éliminer les gestes parasites. Sur scène, les plus fréquents sont : les mains dans les poches, le piétinement ou encore une abondance de gestes désordonnés. Nous signalons systématiquement ce type de mouvements perturbateurs pour le jeu théâtral, jusqu'à ce que l'apprenant se corrige de lui-même. Pour faire prendre conscience de l'importance du geste, je raconte cette anecdote à mes apprenants. Je jouais dans une compagnie française le rôle de Figaro dans *Le Barbier de Séville* de Beaumarchais. Le personnage me semblait tellement aérien que j'accumulais, pendant les répétitions, une grande quantité de gestes. Le metteur en scène, fatigué de me voir gesticuler de la sorte, m'offrit deux bracelets pesant deux kilos chacun. J'eus tant de difficultés à lever les bras que je compris très vite que chaque mouvement avait son importance !

La mémoire corporelle

En abordant le vocabulaire par des exercices corporels, l'apprenant vit les mots et les interprète à travers son corps. Dès lors, ces mots sont ancrés dans une mémoire corporelle particulièrement puissante. Prenons comme exemple l'exercice de J. Lecoq concernant la résonance des mots dans le corps.

Les mots sont abordés par les verbes, porteurs de l'action, et par les noms qui représentent les choses nommées. Considérant le mot comme un organisme vivant, nous recherchons le "corps des mots". Il faut, pour cela, choisir ceux qui offrent une réelle dynamique corporelle. Les verbes s'y prêtent plus facilement : prendre, lever, casser, scier, *sont autant d'actions qui nourrissent les verbes eux-mêmes. [...] Nous travaillons souvent sur les mots de la nourriture car ils appartiennent déjà au corps, surtout en français, dans la tradition rabelaisienne qui préfère la « soupe » au « potage ». Tous ces mots sont mis en mouvement par les élèves, y compris par ceux qui ne parlent pas le français. Curieusement, ils comprennent et parlent alors très bien notre langue, car ils prennent appui sur la dynamique du mot. Il existe là un champ de travail formidable pour l'apprentissage des langues.*

Cette approche est adaptable au public d'apprenants en interprétant de manière systématique le mot en action corporelle. Pour les noms, nous utilisons le jeu des *Statues personnages* (Fiche 25). Le professeur prononce un mot qui sera individuellement interprété par les participants sous la forme d'une statue. L'objectif est de créer un automatisme dans la seconde qui s'écoule entre l'énoncé du mot et sa représentation visuelle. Dans ce temps minimal, l'apprenant doit se construire une image du mot et lui donner vie à travers son corps. Ainsi en entendant « fleur », la première étape consiste à reconnaître le mot, puis à visualiser mentalement la fleur et enfin à la représenter de manière figée. Ajoutons maintenant un adjectif : « Une fleur délicate » : l'influence de l'adjectif sur le nom est assimilée pour créer un autre type de fleur. Les statues peuvent également s'interpréter à plusieurs sans préparation préalable.

Les apprenants représentent les différents éléments qui composent l'objet. La mémoire corporelle est encore plus forte lorsqu'elle est partagée autour d'un même mot. Lorsque les apprenants retrouvent ce mot dans un texte, il ne fait pas de doute qu'il sera reconnu visuellement par tous. Pour les verbes, nous utilisons l'exercice *Comment fais-tu ?* (Fiche 35). Dans ce cas, nous travaillons sur la représentation du mouvement relatif à chaque verbe. Pour lui donner une forme, nous l'associons à un adverbe de manière ou de quantité. En vivant les mots de manière corporelle, ces jeux permettent aux apprenants de s'imprégner d'un lexique qui leur est étranger.

AU NIVEAU PERSONNEL

Facilite la confiance en soi et envers le groupe

On attribue communément au théâtre des qualités communicatives comme celles de prendre aisément la parole en public, de s'extérioriser, ou encore de pallier à un manque de confiance. Les parents comme les professeurs ont souvent tendance à voir l'activité comme un remède contre la timidité ou le manque de volonté. Si ces vertus existent bel et bien, n'oublions pas que le théâtre en classe de langue n'est pas un médicament, mais bien un accompagnement ludique et artistique au programme d'enseignement. L'objectif ne peut être atteint que si l'apprenant décide par lui-même de s'investir dans l'activité. On ne propose du théâtre en classe que lorsque les apprenants sont prêts à le recevoir, c'est-à-dire quand ils ont accepté de s'initier à une nouvelle pratique de classe qui leur demande un investissement personnel important.

Le « moi » dans le groupe

Une cohésion de groupe s'installe naturellement à travers les exercices de dynamisation et les jeux de découverte. Lorsque les apprenants s'organisent en autonomie pour préparer une improvisation, des rôles se créent au sein de chaque groupe. On reconnaît aisément le ou les leaders, qui prennent le rôle de metteur en scène. Le scénariste est celui vers qui l'on se tourne pour trouver les bonnes idées. Enfin, chaque membre trouve une place dans le groupe en choisissant son personnage et son implication dans la scène. Ces préparations s'effectuant en petit comité, elles donnent l'opportunité aux plus timides de se mettre en avant et d'exposer leurs idées.

Grâce aux nombreux jeux de groupe, les participants comprennent qu'ils ont tous un double rôle, celui d'acteur et de spectateur. Lorsque les notions de confiance et d'entraide sont instaurées dans le groupe, même les plus timorés se jettent à l'eau. Mieux encore, les participants s'encouragent mutuellement.

Lorsqu'un apprenant sort de son propre rôle dans la classe, il présente un aspect de lui que les autres ne connaissaient pas. Cette redécouverte des individus et de leurs capacités d'expression ou de communication permet un réel échange humain dans la classe. Pour l'élève-acteur, être monté sur scène et avoir interprété un personnage en langue étrangère est une grande satisfaction et il en éprouve même une certaine fierté. Le public, par sa qualité d'écoute et ses applaudissements, encourage considérablement cette prise de confiance personnelle qu'offrent les activités théâtrales.

Une redécouverte de soi

Augusto Boal affirme que le théâtre est *l'art de nous regarder nous-mêmes*. Cette recherche de l'introspection, qu'il développera amplement avec le théâtre de l'opprimé, constitue une base solide pour se comprendre et se connaître. À travers les exercices de gestuelle nous appréhendons notre corps différemment. Nous découvrons peu à peu son potentiel et sa maniabilité. Chez les adolescents, le théâtre est souvent un moyen d'acceptation et de réconciliation avec leur propre corps.

L'apprenant prend également conscience de sa voix en langue étrangère. Il s'entend lui-même parler. Le timbre est modifié, le rythme est différent, mais c'est toujours sa voix. En apprenant ainsi à la connaître il la différencie d'avec sa langue natale. Elle lui permet de créer une distance entre lui et son personnage. Lorsqu'il joue en français, il est déjà un personnage qui est caractérisé par cette voix en langue étrangère.

LES DIFFICULTÉS À SURMONTER

Le manque de participation

La peur du ridicule ou d'être jugé par le groupe constitue un frein important à la participation à l'activité. Notre objectif est de parvenir – avec le temps – à transformer cette première réticence en plaisir de jouer. Une réelle confiance entre les membres du groupe est nécessaire pour diminuer les peurs individuelles. L'activité se déroule en cours de langue mais dans un espace vu par tous comme celui de la créativité et de l'expression théâtrale. Nous indiquons dans le chapitre de méthodologie les adaptations spatiales à réaliser. Avant de jouer, les apprenants sont placés dans un espace public situé juste en face de la scène. Ils ne sont donc plus à l'abri à leur place habituelle mais déjà actifs dans leur rôle de spectateur. Nous proposons ici des techniques pour éviter les longues attentes quand personne ne se décide à monter sur scène.

1. Éviter de commencer une session par une scénette individuelle. Les apprenants redoutent de se retrouver seuls sur scène. En prenant du plaisir à jouer ensemble, les participants s'encouragent mutuellement et participent davantage.

2. Encourager les apprenants à s'inviter mutuellement à venir sur la scène. Un apprenant acceptera plus facilement de jouer si la demande est faite par son camarade. Nous favorisons les scénettes permettant une participation du public, depuis les sièges ou directement sur scène. De même, les jeux de dynamisation stimulent et automatisent la participation collective.

3. Établir une règle de participation. Si le jeu demande une réaction du public (exemple : *découvrir une activité ou un personnage*), celui qui donne la bonne réponse joue la scène suivante. Cette technique fonctionne si la consigne a été admise avant le début du jeu par l'ensemble de la classe.

4. Définir un ordre de passage pour les jeux simples ou demandant une implication personnelle minimale. L'ordre est défini par la place qu'occupent les élèves dans la rangée. Cette technique peut aboutir à un jeu de connaissance ou de mémorisation si on décide du passage des élèves en suivant l'ordre alphabétique de leur prénom, l'ordre du jour de leur naissance ou du numéro de leur rue. Nous utilisons ce procédé uniquement pour les jeux de groupe nécessitant une participation globale de la classe.

5. Faire participer tous les apprenants en même temps. C'est le cas du jeu de *La télévision* (Fiche 50). Le professeur zappe, depuis la scène, sur différentes chaînes de télévision, chacune interprétée par une personne du public.

Malgré ces différents procédés, il arrive toujours qu'un ou plusieurs apprenants ne souhaitent pas participer à l'activité. Une règle primordiale est de **ne jamais forcer un élève à jouer**. On peut l'encourager, modifier la consigne mais ne jamais l'obliger à jouer sous de quelconques prétextes pédagogiques ou psychologiques. L'expression théâtrale demande un investissement personnel fort. Certains apprenants ne voudront pas exprimer leurs émotions, ce choix est à respecter. On invite ces élèves à participer aux jeux de groupe et, si un projet de pièce se réalise, à s'investir dans la mise en scène et autres étapes de la préparation. Ils participeront également aux jeux de découverte et de dynamisation pour faire partie du groupe à part entière.

Le bruit et l'excitation

Comme toute activité ludique, le théâtre génère du bruit et de l'excitation. Le niveau sonore risque de gêner les classes voisines s'il n'est pas rapidement contrôlé. Tentons de définir les différents moments où l'activité devient trop bruyante.

Pendant la création de l'espace

La manipulation d'objets pour libérer l'espace de jeu est un moment particulièrement bruyant. Pour aller plus vite, les apprenants poussent sans ménagement les tables ou soulèvent précipitamment les chaises, ce qui peut provoquer des accidents. Une des techniques pour éviter ce risque est de donner la consigne de déplacer le mobilier dans le silence le plus absolu. Les apprenants se déplacent alors avec des gestes lents et précis, prenant soin de ne faire aucun bruit. Cela prend certes plus de temps, mais l'exercice fait travailler l'écoute et la concentration, ce qui est idéal pour commencer une séance.

Lors des jeux de groupe et improvisations

Les jeux de dynamisation, de découverte et certains exercices sur la voix entraînent un volume sonore important. Les activités qui demandent une participation globale de la classe sont les plus bruyantes. Par exemple, dans le jeu *À la poubelle* (Fiche 28), l'intensité sonore s'avère nécessaire pour expulser des énergies. Il en est de même pour les jeux de propulsion et de placement de la voix que nous retrouverons dans la deuxième partie de ce livre. Il est impossible d'entrer dans le jeu si nous limitons le potentiel de notre voix. Dans une scène exprimant la terreur, la colère ou encore la folie, le cri peut s'avérer nécessaire s'il est ressenti comme un besoin. L'interdire reviendrait à réduire considérablement la liberté de jeu et d'expression de l'apprenant. Pour réaliser ce genre d'exercice, nous éviterons les salles produisant un écho important comme les gymnases, ou se trouvant à proximité d'une salle de travail ou d'examen.

Lors des préparations de scénettes

Certaines improvisations demandent une préparation de la part des groupes. Avant qu'ils n'arrivent à s'auto-organiser, cette préparation se caractérise souvent par un brouhaha composé de cris, de rires et d'excitation. Toutes ces énergies accumulées et placées côte à côte provoquent rapidement un volume sonore excessif. Il convient d'établir un code de fonctionnement dès le début des activités. Tout d'abord, nous éloignons les groupes de travail pour éviter le dispersement. Ensuite, nous demandons aux apprenants de s'exprimer à voix basse, pour ne pas dévoiler au reste de la classe la trame de leur scénario. En effet, après le jeu, le public est souvent invité à découvrir l'action, le mot ou la thématique représentée. Pour qu'un moment de théâtre soit offert au public, ne faut-il pas un minimum de surprise ? Aux groupes qui ont l'habitude de fonctionner en autonomie, nous proposons de répéter en dehors de la classe.

Avec les réactions du public

Un public qui réagit, c'est très bien mais c'est aussi très bruyant ! Entre les rires, les applaudissements et les signaux sonores du professeur, les décibels ont

vite traversé la cloison. Pour éviter une accumulation de bruit inutile, j'ai pris l'habitude de faire applaudir mes apprenants à la manière des malentendants, c'est-à-dire en levant les bras en l'air et en bougeant les mains de manière rotatoire.

Pour éviter des inégalités d'appréciation sur le jeu, certains professeurs interdisent les applaudissements. Personnellement, je pense qu'en agissant ainsi on retire un rôle important au public. L'applaudissement est une coutume ancestrale qui donne un sens à l'activité théâtrale.

L'agitation

L'agitation naît d'un mélange entre la peur et l'excitation de monter sur scène. Cette anxiété, que nous appelons « le trac » dans le jargon théâtral, est une énergie qui est utilisable mais difficile à contrôler. Juste avant une représentation, le trac est positif car il donne une impulsion à l'acteur. Cependant, dans la classe, les émotions fortes génèrent rapidement des débordements. Les apprenants doivent comprendre l'enjeu ludique et pédagogique de l'activité pour maîtriser cette énergie et la transformer en impulsion créative. Cela devient possible dès qu'ils ne perçoivent plus ces jeux comme une simple activité récréative.

L'activité crée une nouvelle atmosphère qui trouve son équilibre entre la « ludicité » et la concentration. La première est générée par le plaisir de jouer, la deuxième par la nécessité de s'écouter. En ce sens, le théâtre rend les apprenants plus réceptifs et facilite l'application immédiate des consignes. Quel professeur n'a jamais rêvé de dire « stop » et de voir tous ses élèves se figer soudain en statues ! Cela est possible en théâtre car, si elles sont intégrées dans un contexte ludique, les consignes sont plus facilement acceptées. Une fois ce nouveau rapport installé, le jeu peut être reproduit en dehors des activités. Par exemple, lorsqu'il m'arrive de noter une baisse d'attention, je lance : « Yé cric », cri auquel les apprenants répondent par un « Yé crac ». On répète l'annonce jusqu'à obtenir une réponse homogène. Cette technique est utilisée par les conteurs africains pour s'assurer de l'attention de leur public. Les nombreux jeux que nous réalisons durant l'activité forment les apprenants à être toujours disponibles. Une fois ce premier objectif atteint, nous pouvons commencer réellement le travail d'interprétation.

Un nouveau rapport professeur-élèves

De nombreux enseignants redoutent de perdre leur autorité en réalisant ce type d'activité. C'est en fait l'inverse qui se produit. Le contexte ludique confère au professeur un « pouvoir » qu'il n'a pas habituellement dans sa classe. Il est accepté par tous comme le « maître du jeu » qui a les cartes et les consignes en main. Un nouvel équilibre dans le rapport professeur-élèves est évidemment à trouver.

L'atmosphère théâtrale et ludique naît naturellement de l'activité. Nous conseillons aux enseignants de s'essayer au moins une fois au théâtre, à l'occasion d'un stage ou d'un atelier, pour ressentir cet univers et l'adapter à sa classe. Du statut d'enseignant, on passe parfois à celui d'animateur, voire de metteur en scène dans le cas d'un projet théâtral. Cependant, nous garderons toujours notre rôle de professeur en nous interrogeant sur nos attentes pédagogiques et sur leurs applications concrètes lors de l'activité. Pour conclure, si l'approche ludique est comprise et acceptée par tous, le professeur reste maître de sa classe et de ses objectifs tout en s'ouvrant à une nouvelle pratique d'enseignement.

Chapitre 2 Quels types d'activités proposer ?

Nous retrouverons dans les fiches pédagogiques de ce livre trois types d'activités :

- Les jeux de dynamisation
- Les jeux de découverte
- Les scénettes parlées ou non-verbales

Pour choisir quel type d'activité proposer, le professeur doit s'interroger sur ses propres attentes pédagogiques. Au moment de réaliser le jeu, l'objectif est-il de dynamiser la classe, d'impulser la communication orale ou encore de réaliser un travail de groupe sur un sujet donné ? Les trois types d'activités décrits ont chacun leur objectif pédagogique propre et aboutissent à des résultats différents. Nous rechercherons une progression en les regroupant dans une même session.

On commence généralement les sessions par des jeux de dynamisation en cercle puis en mouvement ou en duo. On propose aux groupes les plus agités des jeux de concentration ou de relaxation. On effectue ensuite une transition entre la dynamisation et les scénettes mimées, puis parlées. De manière générale, l'expression théâtrale va du geste à la parole. Ce qui va être dit doit d'abord être assimilé et vécu corporellement.

LA DYNAMISATION

Les jeux de dynamisation permettent de stimuler la prise de parole en français tout en créant une atmosphère ludique. Nous situons l'activité dans une approche communicative, visant à créer des interactions entre les membres de la classe. Notons que l'acte de parole en langue étrangère est une action non naturelle. C'est d'ailleurs pourquoi elle provoque des blocages. Nous avons tous vécu cette situation lorsque nous avons essayé de parler une nouvelle langue. Pour éviter le découragement – dû essentiellement aux difficultés phonétiques –, l'apprenant doit se détendre face à la prise de parole et nous l'aiderons à y parvenir à travers des jeux simples.

Nous travaillons en même temps la concentration et l'échange rapide de mots. Ils permettent de consolider à la fois la confiance en soi et envers le groupe. Peu à peu, l'apprenant oublie sa peur et se laisse aller, entraîné par le jeu et le groupe. Pour que cette transition fonctionne, le professeur laisse les apprenants s'exprimer pendant la totalité du jeu. Ce n'est qu'à la fin de l'improvisation qu'il revient sur les erreurs syntaxiques ou phonétiques. Il en va autrement lorsque l'on travaille l'apprentissage d'un texte. Dans ce cas, l'intervention du professeur s'avère nécessaire à chaque faute, pour éviter que l'apprenant ne grave dans sa mémoire les erreurs phonétiques.

La dynamisation demande une certaine disponibilité de la part des apprenants car elle fait travailler constamment l'écoute et la rapidité de réflexion. Elle permet d'exploiter un grand nombre de champs lexicaux et de notions grammaticales.

Quand utiliser les jeux de dynamisation ?

◗ En début de cours

Les jeux de dynamisation permettent de mettre les sens en éveil. Ils sont particulièrement adaptés pour commencer le cours et permettent d'introduire en dix minutes de jeu les notions à venir.

Au début du cours, la capacité d'attention des apprenants varie sous l'influence de nombreux facteurs. Le premier est celui de l'emploi du temps. Dans le cadre scolaire, un élève qui entre en cours de français se comportera différemment s'il sort d'un cours de gymnastique ou de mathématiques. S'ajoute à cela le facteur personnel influant sur l'état d'esprit de chaque apprenant. Un temps d'adaptation est évidemment nécessaire entre le moment où l'élève entre en classe et le commencement effectif du cours. Les jeux de dynamisation permettent ce temps d'adaptation pour resituer l'apprenant dans le cours tout en introduisant les notions à venir.

◗ Pour pallier à une baisse d'attention

Les jeux de dynamisation ont l'avantage de rassembler et de focaliser les énergies car ils demandent un fort niveau d'écoute et de concentration. Ils peuvent être très positifs lorsque le professeur note une baisse d'attention due à la fatigue ou au dispersement de sa classe.

Pour réveiller les troupes, nous choisissons des jeux de dynamisation en mouvement. Pour le manque d'attention ou de concentration, nous utilisons les jeux de dynamisation en cercle ou en duo.

◗ Pour conclure une notion du programme

Certains jeux de dynamisation peuvent introduire de nouvelles notions. Mais la majorité d'entre eux demandent un effet de miroir entre l'action et le mot ou la règle préalablement assimilés. Les jeux de rapidité, qui relient la parole à des actions corporelles, permettent de fixer les notions apprises sous forme d'automatismes. À force de répétition, le cerveau enregistre et associe le geste au mot. Le vocabulaire est alors gravé dans la mémoire corporelle de l'apprenant. Les jeux de dynamisation sont à répéter plusieurs fois dans l'année pour revoir les notions importantes du programme.

LES JEUX DE DÉCOUVERTE

Nous qualifions par « jeux de découverte » l'ensemble des activités qui favorisent l'échange verbal sans interprétation de personnage. Tout comme les jeux de dynamisation, ils demandent un réel effort de concentration et de mémoire. Ces activités incitent à une participation collective de la classe et permettent d'exploiter un large éventail de notions pédagogiques. Ces jeux servent de transition entre le cours et l'activité théâtrale, toujours dans un but ludique.

Il est conseillé de ne pas additionner ces exercices dans un même cours car ils demandent un temps de préparation et d'exploitation importants.

Comme ils n'exigent pas d'interprétation, ils sont particulièrement appréciés des apprenants les plus timorés.

LES SCÉNETTES

Utiliser des scénettes pour inciter les apprenants à s'exprimer est une pratique largement utilisée en cours de FLE. On exploite ainsi des situations de la vie quotidienne à travers des mises en situation concrètes. L'écart entre expression orale et jeu théâtral n'est pas aussi marqué qu'on pourrait le croire. Au théâtre, les scénettes se nomment des « improvisations ». Improviser signifie créer et interpréter une histoire sur le vif, seul ou à plusieurs. Dans le cadre du théâtre FLE, les improvisations sont guidées vers les objectifs pédagogiques que nous souhaitons atteindre. Chaque scène a pour but de faire travailler une notion en particulier. Par exemple, une scène chez le voyant permet d'utiliser le futur et le conditionnel. Jouer une petite annonce sentimentale permet d'exploiter le vocabulaire de la présentation.

Ce qui différencie l'expression orale du jeu théâtral est avant tout l'interprétation de personnages. Le théâtre apparaît dès que les personnages prennent vie. Et pour cela, pas besoin d'être comédien. L'important est de bien définir le personnage pour aider l'apprenant à l'interpréter avec son corps et avec sa voix. Les personnages sont particulièrement intéressants du point de vue pédagogique car ils représentent les sujets de l'action. Proposons, par exemple, un exercice où l'on demande de jouer un dialogue entre un chauffeur de taxi et un touriste sortant de l'aéroport de Paris. Nous allons, dans un premier temps, définir les personnages. *D'où vient ce touriste* (lexique des nationalités) *? Dans quel état d'esprit est-il au moment de monter dans le taxi* (caractère et émotions) *?* Nous procédons de même avec le chauffeur de taxi : *Est-il bavard, sérieux, fatigué ?* Ensuite nous définirons la situation : *Quelle est la destination de la course* (vocabulaire de localisation) *? Quels obstacles risquent de surgir pendant le trajet ?* À la fin, nous obtiendrons une scénette théâtralisée du type : « En sortant de l'aéroport de Paris, un journaliste particulièrement curieux prend un taxi pour se rendre à la Tour Eiffel. L'action se situe en fin de journée, le chauffeur est fatigué et souhaite rentrer chez lui. » Ces indications permettent de créer un contexte. Il est important de le définir en classe car, seul, l'apprenant aurait beaucoup de difficultés à conceptualiser la scène. L'interprétation des émotions permet également de mettre en valeur le personnage, de lui créer un passé, de lui inventer un futur, en un sens, de rendre l'histoire vivante.

Prenons maintenant l'exemple d'une scène sur la drague (Fiche 53). Tout d'abord, nous définissons les personnages. Au tableau, nous formons deux colonnes : les dragueurs (*romantique, frimeur, comique, macho,* etc.) et les dragueuses (*femme fatale, fausse timide, coquette,* etc.). Une fois le type de lexique et d'expression défini, nous provoquons une rencontre entre les personnages. Pour ce type de scène où les personnages sont stéréotypés, l'utilisation d'accessoires est intéressante. Par exemple, le frimeur peut mettre des lunettes de soleil et la coquette utiliser un miroir pour se maquiller. Présentés sous forme théâtrale, ces exercices suscitent une grande adhésion de la part des apprenants. Prendre plaisir à s'exprimer en français et à interpréter un personnage dans des situations les plus diverses constitue en soi une réelle source de motivation.

Les types d'improvisations

Pour définir les différents types de scénettes, nous reprenons les catégories de classement d'activités (convergentes, divergentes et libres) proposées par F. Weiss dans *Jouer, communiquer, apprendre*, Hachette 2002. Transposées dans une optique théâtrale, les activités se présentent sous la forme suivante :

- les improvisations guidées, dont la consigne comprend des personnages et une trame prédéfinie avec parfois des restrictions ;
- les improvisations ouvertes, où les apprenants élaborent la trame à partir d'une situation initiale ;
- les improvisations thématiques, qui offrent une liberté de lieu, de personnages et d'action.

Les outils pour théâtraliser une scénette

Définir un espace scénique

Pour intégrer une activité théâtrale dans la classe, il est important de délimiter un espace propre au jeu. Pour interpréter un personnage, l'apprenant doit sortir de son rôle d'élève. Il doit pour cela concevoir l'activité d'oral comme un jeu. Le fait de définir un espace où l'on se donne la liberté du jeu théâtral facilite l'adhésion à l'activité.

L'espace théâtral se situe généralement devant le tableau, face à une rangée de chaises ou au centre, pour les classes disposées en U.

Il comporte deux sous-espaces :

L'espace scénique

La scène est un espace magique où l'on se donne la liberté du jeu. Elle peut se délimiter à la craie ou en plaçant une corde par terre. Elle comporte une entrée et une sortie. On peut utiliser un bureau ou une porte pour marquer les entrées ou encore les symboliser à la craie.

L'espace public

Des rangées de chaises placées devant la scène constituent l'espace public. L'ensemble de la classe s'y installe lors des improvisations. Chaque apprenant étant à la fois acteur et spectateur, tous sont régulièrement sollicités à entrer en scène. Pour les groupes de maternelle et de primaire, des tapis peuvent marquer l'espace public. Pour éviter les débordements, il est important que la notion d'espace soit comprise. Lorsqu'une improvisation se termine, l'apprenant doit sortir de son personnage et redevenir un élément du public avec toutes les qualités d'écoute que cela exige. Pour terminer une improvisation, l'apprenant a deux possibilités : il peut se figer quelques secondes ou bien sortir de l'espace scénique. Dans le deuxième cas, il interprétera son personnage jusqu'au moment exact où il franchira la limite de la scène. Le professeur lui indiquera ses erreurs phonétiques et syntaxiques et encouragera le public à faire des commentaires. La transition sera faite car l'élève reprendra naturellement son rôle d'apprenant avant de rejoindre le public.

Un minimum de mise en scène

L'utilisation d'accessoires donne une dimension théâtrale aux exercices d'oral. Les costumes ou accessoires aident considérablement les apprenants à interpréter un personnage. Il suffit souvent de peu de choses pour créer l'atmosphère ou le personnage. Les apprenants ont souvent le matériel nécessaire sur eux. Cependant, il est intéressant de garder ces accessoires dans une valise ou un placard, afin de les avoir à disposition.

Voici une liste d'objets utiles :
- lunettes
- chapeaux
- cannes
- produits de beauté
- journaux
- draps et autres tissus
- divers vêtements pour hommes et femmes

Le jeu d'acteur

On ne demande pas aux apprenants de se transformer en acteurs professionnels et encore moins au professeur de devenir metteur en scène. Dans la classe, l'objectif est avant tout pédagogique. Cependant, pour marquer la différence entre exercice d'oral et activité théâtrale, nous insistons sur l'expressivité du jeu. Au niveau corporel, les postures, les mouvements et les déplacements caractérisent en grande partie les personnages. Nous aborderons également l'expression vocale en variant le timbre de la voix et les intonations.

Les enseignants désireux d'approfondir cette notion trouveront dans la deuxième partie de cet ouvrage des exercices de préparation au jeu d'acteur.

Chapitre 3 Méthodologie de l'activité

Comment utiliser les fiches pédagogiques ?

Sans être metteur en scène, chaque professeur peut faire appel aux techniques théâtrales pour dynamiser sa classe, aborder des notions de grammaire par le jeu et enfin travailler l'oral en classe.

Les exercices de théâtre contiennent de nombreux intérêts pédagogiques pour la classe. Ils ont été inventés ou adaptés pour le public d'apprenants de français langue étrangère afin de travailler l'oral et d'aborder des notions grammaticales propres à chaque niveau.

PHASE DE PRÉPARATION

Choisir l'exercice

Les fiches ont été spécialement préparées pour que le professeur puisse choisir les activités en fonction de ses attentes pédagogiques et du niveau de ses apprenants.

Chaque fiche contient un objectif de communication orale permettant de nombreuses applications :

- **Grammaire :** les notions grammaticales, la construction de phrases et la conjugaison.
- **Lexique :** les familles de mots, les expressions et les formulations possibles.
- **Interculturel :** travailler sur les diverses thématiques culturelles.

Cibler le public

Au moment de choisir l'exercice, l'enseignant s'interroge sur la difficulté du jeu, tant au niveau pédagogique que théâtral. Chaque individu ayant des compétences linguistiques et communicationnelles différentes, la consigne ne peut être la même pour tous.

Des variantes permettent d'adapter les jeux en fonction des différents niveaux de langue présents dans une même classe. Dans une scénette, chaque rôle présente un niveau de difficulté différent. Le professeur peut donc distribuer les rôles en fonction des nécessités et capacités de chacun.

Du point de vue théâtral, il est important de ne pas calquer la personnalité du personnage sur celle de l'apprenant et inversement. Si l'on donne le rôle du timide à un apprenant peu sûr de lui, il risque de reproduire son propre comportement sur scène. Il sera sans doute plus à l'aise et plus juste, mais une fois la scène terminée, il lui sera difficile de quitter son personnage, surtout s'il s'agit du rôle qu'il joue quotidiennement dans le groupe. Il en est de même pour le chef de bande ou encore le comique de la classe.

Prévoir le matériel nécessaire

La réalisation d'activités théâtrales demande peu de matériel. L'objectif étant avant tout d'exploiter une scénette jouée plutôt que de mettre en scène une pièce de théâtre, la scénographie est limitée au strict nécessaire. Nous entendons par « matériel » les éléments importants pour le jeu, par exemple, une table et deux chaises pour un rendez-vous d'embauche. Les décors plus complexes pourront être dessinés au tableau par les apprenants. Des tapis de gymnastique sont recommandés pour les exercices au sol. Comme nous l'avons dit plus haut, les accessoires et éléments de costume aident considérablement les apprenants à interpréter leurs personnages.

Du point de vue technique, un lecteur audio et des CD de musique sont parfois nécessaires à la réalisation des scénettes. Nous utiliserons volontiers une caméra pour filmer les improvisations, afin d'offrir un retour visuel et sonore aux apprenants. La caméra est posée sur un trépied au fond de la salle, de façon à ne pas représenter une charge supplémentaire pour le professeur, ni être trop présente pour les apprenants.

Les instruments de musique constituent un support intéressant pour le professeur lors des exercices de dynamisation. On utilisera un tambourin ou un triangle pour marquer un rythme ou encore un sifflet pour donner un signal.

Préparer les supports pédagogiques

Les scénettes théâtrales étant avant tout des activités d'oral, elles ne demandent que rarement l'utilisation de support pédagogique. Nous utiliserons dans la plupart des cas des fiches cartonnées pour choisir les personnages, le lieu ou la thématique de l'improvisation. Nous utiliserons également le tableau pour donner le vocabulaire, les notions grammaticales ou encore la consigne du jeu.

Utiliser et adapter l'espace

Il est nécessaire de connaître à l'avance l'espace destiné à la réalisation de chaque activité. Pour cela, nous distinguerons dans les fiches pratiques deux types d'espace.

L'espace scénique

Situé généralement devant le tableau, cet espace comporte une scène et une ou plusieurs rangées de chaises pour le public. La taille de la scène varie selon les dimensions de la classe mais elle doit pouvoir contenir jusqu'à 4 élèves-acteurs. Nous utiliserons cet espace pour les scénettes et certains jeux de découverte.

L'espace de jeu

Il s'agit d'un espace plus grand, permettant à l'ensemble de la classe de se mouvoir aisément lors des jeux de dynamisation. Nous placerons les chaises et les tables contre les murs de la classe pour libérer l'espace central. Si l'on organise une séance en dehors de la classe, on choisira un grand espace tel qu'un gymnase ou une salle de conférence.

Définir le nombre de participants

Le nombre de participants dépend principalement des dimensions de la classe et de l'espace scénique. Les jeux de découverte et de dynamisation demandent une participation de tous les membres du groupe, contrairement aux scénettes qui se réalisent généralement avec quatre participants maximum. Pour des personnes n'ayant jamais fait de théâtre, nous limitons à 4 le nombre d'acteurs sur scène. Au-delà, le temps de parole accordé à chaque apprenant et la gestion de l'espace se font plus difficilement. Cependant, le nombre peut être supérieur à 4 lorsque les participants jouent à tour de rôle, en utilisant les entrées et sorties de scène.

Définir les étapes de l'activité et sa durée

Pour calculer la durée, le professeur visualise l'activité dans son ensemble, dont voici les paramètres principaux :

Le temps éventuel de révision

Le moment adéquat pour réaliser une activité est en relation avec la progression de la classe.

Est-il nécessaire que les apprenants connaissent les notions grammaticales et langagières pour les utiliser de manière théâtrale ? La réponse est évidemment oui. Sur scène comme dans la vie courante, les connaissances linguistiques sont les outils indispensables à l'échange verbal. Nous les comparons souvent aux gammes de solfège nécessaires aux musiciens. Pour les scénettes guidées, les apprenants ont besoin de leur partition. Bien qu'ils n'aient pas le texte sous les yeux, il est important que les apprenants comprennent la structure de la scène et son exploitation pédagogique. Lorsqu'il s'agit d'improvisations libres ou thématiques, les apprenants doivent être capables de construire ensemble l'histoire, tout en intégrant convenablement les ingrédients lexicaux et grammaticaux qui la composent. Tout comme le musicien, l'élève-acteur doit posséder des bases suffisamment solides pour se lancer dans l'improvisation. Un apprenant qui n'a pas acquis les bases suffisantes risque de se bloquer. Avec un peu de savoir-faire, il pourra continuer la scène et se faire comprendre grâce à l'expression corporelle et aux mimiques, mais une partie de l'objectif pédagogique, celui de l'expression orale, passera alors à la trappe. Un temps de révision est donc à prévoir avant le début de l'activité. La révision pourra s'effectuer de manière ludique afin de diriger les apprenants vers une ambiance propice au jeu théâtral. Pour chacune des notions à revoir, on peut utiliser des exercices de dynamisation ou encore des jeux de classe (voir « Haydée Silva, *Le jeu en classe de langue*, CLE International, 2008).

◗ Explication de la consigne et des objectifs

La réussite de l'activité dépend en grande partie de la clarté de la consigne et de sa compréhension par l'ensemble des participants. Le temps dédié à son explication n'est donc pas à négliger. Pour les groupes de débutants, il est souvent nécessaire de montrer le jeu une première fois pour donner un exemple clair et visuel. Ce préambule est généralement réalisé par le professeur. Nous développons au paragraphe « phase de réalisation » les différentes implications et le rôle du professeur dans l'activité. Si la consigne est détournée ou n'est pas respectée, on consacrera un temps supplémentaire pour compléter l'explication avant de refaire l'exercice.

Le professeur peut présenter avant ou après le jeu les objectifs pédagogiques de l'activité. Le premier cas permet de rendre visibles et exploitables les éléments langagiers qui seront utilisés dans la scène. Dans le deuxième cas, il s'agit d'une approche intuitive. Les participants expliquent après le jeu, avec l'aide de la classe, les outils qu'ils ont utilisés. Par exemple, dans la scène de *La déposition* (Fiche 39), un apprenant décrit un extraterrestre au commissariat. Imaginons qu'au départ on ne lui ait donné aucune indication sur les notions grammaticales à utiliser ; à la fin de son intervention, on lui posera les questions suivantes : *Lors de la description, quel est le temps de la conjugaison que tu as le plus utilisé ? Pourquoi ?* Ou encore : *Quels types de phrases différentes utilisaient le policier et le témoin ?* L'idéal est que l'activité se déroule uniquement en français ; mais en fonction du niveau des apprenants, il est parfois nécessaire d'expliquer la consigne ou d'échanger des informations en langue maternelle.

Mais ces questions peuvent tout aussi bien se poser avant le jeu. Par exemple, en expliquant la consigne de la scène *Le voyant* (Fiche 34), le professeur demande au groupe quel est le temps de la conjugaison qui sera le plus utilisé par le voyant ou par le client. De manière générale, on essaiera de faire découvrir plutôt que d'expliquer les objectifs pédagogiques de la scénette et les outils nécessaires à son déroulement.

Le dernier point concerne le jeu théâtral. Nous rappelons que notre objectif est plus de dramatiser une situation fonctionnelle que de mener une véritable recherche dramatique. Il s'agira dans un premier temps de définir clairement les personnages. *Qui sont-ils ? Quel est leur rôle dans la scénette ?* Et enfin, *quel est leur état d'esprit ?* On essayera au maximum d'éviter les stéréotypes et de trouver la justesse dans l'interprétation des émotions. Après la compréhension des personnages, nous expliciterons la situation de la scène avec sa problématique en dévoilant éventuellement des pistes pour aboutir à une chute. Ces explications rassurent les apprenants lorsqu'elles sont réalisées avant le jeu. Attention cependant à toujours laisser une part de créativité et d'improvisation. L'interruption brutale de l'apprenant qui s'arrête de jouer pour demander : « Et maintenant, je fais quoi ? » peut avoir des origines différentes. La cause peut être due à un manque de clarté dans l'explication de la consigne. Cela indique que l'élève n'a pas compris la notion même d'improvisation, c'est-à-dire le fait de faire constamment des propositions à son partenaire, grâce à l'écoute et à un échange implicite permanent. Cette notion doit être expliquée dès le début de l'activité et permet la compréhension d'un message important : on ne joue pas pour soi mais avec et pour les autres.

◗ Le temps de préparation

Que les scénettes soient parlées ou non verbales, le temps de préparation dépend de leur type (improvisations guidées, ouvertes ou thématiques ; voir Chapitre 2 « les types d'improvisations »).

Les improvisations guidées ne demandent pas de préparation préalable car la consigne donne tous les éléments nécessaires à leur réalisation. Par contre, les improvisations ouvertes et thématiques demandent un temps de préparation. Les apprenants se répartissent les personnages, définissent la trame, le lieu et le contexte de la scène. On n'entre pas dans les détails avant la montée sur scène pour garder une certaine liberté de jeu. Ce travail de préparation se réalise en groupe sans l'aide du professeur ni des autres équipes. L'enseignant reste cependant disponible pour donner le vocabulaire nécessaire. Il s'agit d'un moment intense d'échange d'idées qui rassemble les apprenants sur un projet commun. En fonction de la difficulté ou de la durée de l'improvisation, le temps de préparation est de 5 à 15 minutes, excepté pour les jeux de découverte qui requièrent souvent une production écrite. Cette étape est indiquée dans chaque fiche sous le titre « avant le jeu ».

◗ Le temps de production

La(es) durée(s) des improvisations varie(nt) en fonction du niveau d'oral de la classe et des capacités de chaque apprenant. Elle(s) est(sont) donc donnée(s) à titre indicatif car elle(s) dépend(ent) essentiellement de l'appréciation du professeur.

Sur une séance type, les jeux de dynamisation dépassent très rarement 10 minutes. Nous situons la durée moyenne des scénettes entre 5 à 10 minutes. Cependant, si on utilise des variantes ou si on effectue plusieurs passages, on peut augmenter le temps de production.

Les jeux de découverte demandent une participation générale de la classe, divisée ou non en équipes. La durée globale est à calculer en fonction du nombre de groupes et de la difficulté du jeu.

Le temps de discussion et de débat

Comme nous le verrons plus loin dans la « phase d'exploitation », un temps de discussion et d'échange avec le public est à prévoir pour chaque activité, exception faite de la dynamisation. Les élèves-acteurs réalisent une autocritique sur leur niveau d'expression orale et théâtrale. Le professeur énonce les erreurs de prononciation et le reste de la classe exprime sa compréhension globale de la scénette ou du jeu. Pour les niveaux plus élevés, le moment est propice aux réflexions et débats autour des thématiques abordées. L'activité théâtrale peut donner suite à une restitution à l'écrit des notions utilisées.

PHASE DE RÉALISATION

Favoriser la participation

Un des rôles importants du professeur est d'encourager systématiquement la participation aux improvisations. Nous proposions plus haut des solutions pour répondre au manque de participation. Le message à faire passer aux apprenants est qu'il n'y a pas de honte à jouer. Au théâtre, l'acteur et le personnage sont deux entités distinctes. Je veille donc à ce que les apprenants n'utilisent pas leur prénom quand ils jouent. Dans le groupe, tout le monde est à la fois acteur et spectateur et personne n'est jugé d'après ses actions sur scène. Enfin, rappelons aux apprenants que l'objectif est avant tout pédagogique. On ne demande à personne d'être un acteur professionnel. Comme l'explique Jerry Grotowski, le résultat est secondaire lorsque les apprenants sont entièrement à ce qu'ils font.

Ne pensez pas aux résultats, et surtout pas à ce que le résultat soit beau. Si cela vient spontanément et organiquement, comme des impulsions vivantes finalement maîtrisées, ce sera toujours beau, beaucoup plus beau que toute sorte de résultats calculés mis ensemble. J. Grotowski

Définir le rôle et l'implication du professeur

L'implication du professeur influe fortement sur le déroulement de l'activité. Dans un premier temps, il s'agit de définir son ou ses rôles dans l'activité.

Créer une atmosphère favorable au jeu

Le théâtre, tel qu'il est généralement vu par les apprenants, provoque un certain nombre de blocages. La manière dont l'activité est proposée joue un rôle important si l'on veut éviter ces problèmes. L'approche ludique est évidemment à mettre en avant car elle dédramatise l'activité et aide les apprenants à dépasser leurs peurs. Un des rôles fondamentaux de l'enseignant est de rassurer les apprenants pour favoriser leur participation. L'enseignant pourra miser sur l'approche pédagogique en situant l'activité dans son cadre éducatif. Les activités en classe sont à séparer du projet théâtral qui demande une implication plus forte de l'apprenant. Pour le moment, l'approche théâtrale constitue un outil ludique pour la cohésion de groupe et la prise de parole en français.

Repérer les erreurs langagières

Quand convient-il de corriger les erreurs de langage ? L'intervention du professeur risque de déconcentrer l'apprenant au milieu de son jeu. Comment interpréter un personnage lorsque l'on nous rappelle constamment à notre rôle d'élève ? Pendant le déroulement des scénettes, le professeur prend note des erreurs afin de les restituer à la fin de l'improvisation. Pour les scénettes à plusieurs participants, on sépare les commentaires pour chaque apprenant à l'aide d'un tableau comme indiqué ci-dessous.

	SÉBASTIEN	ISIDORE	CLARA
Prononciation	Attention aux *-e* muets	Le son [ʀ]	Les liaisons
Vocabulaire	Utiliser plus d'adjectifs		
Grammaire		Construction de la négation	Revoir les pronoms personnels
Interprétation	Clarté gestuelle	Sincérité	Parler plus fort

Par contre, la correction spontanée est souhaitable pour la dynamisation et certains jeux de découverte, lorsque l'apprenant n'interprète pas de personnage. La correction systématique est nécessaire pour éviter que l'apprenant ne grave l'erreur phonétique dans sa mémoire corporelle. La dynamisation peut se comparer à une gymnastique mentale mêlant une action physique (le geste) à une action intellectuelle (prise de parole en français).

Les erreurs phonétiques peuvent être corrigées par le professeur ou indiquées à travers un signal. Cette dernière possibilité invite l'apprenant à faire un effort d'autocorrection. On émet les signaux en tapant dans les mains, en utilisant un sifflet ou encore un tambourin. Silva Haydée propose dans son livre « Jeux en classe de langue » l'utilisation de « Monsieur Jaune », un canard en plastique qui couine, présenté au préalable comme un expert en phonétique. L'originalité de l'objet apporte un plus lorsqu'il est intégré à l'activité ludique. Rappelons que le niveau sonore du signal doit être supérieur au bruit que génère l'activité. Quelle que soit la technique utilisée nous prendrons garde à ne pas perturber la dynamique du jeu.

◗ Gérer les débordements

Comme toute activité communicative, le théâtre génère une part importante d'excitation. Le professeur doit constamment canaliser ces énergies pour éviter les débordements. Certaines règles de base sont à définir avant le début de l'activité.

- Ne pas couper la parole à son partenaire.
- Sur scène on joue ; quand on fait partie du public, on écoute en silence.
- Jouer un personnage et jamais une personne pour éviter de manquer de respect aux autres.
- Éviter les gestes et mouvements brusques.

◗ Encourager le jeu théâtral

Un minimum de mise en scène est nécessaire pour que l'activité théâtrale soit comprise et identifiée comme telle. Mais pour que celle-ci prenne vie, nous avons besoin de l'expression théâtrale. Pour encourager les apprenants, le professeur doit souvent oser en premier. Cette action oblige l'enseignant à se poser des questions sur sa place dans l'activité. Son rôle de professeur peut-il s'harmoniser avec celui d' « acteur » ? Personnellement, je pense que oui. L'apprenant a besoin de repères. Qui d'autre que l'enseignant est en mesure de lui offrir un modèle ? Aux niveaux débutants, l'explication de la consigne demande une démonstration visuelle du jeu. Enfin, l'implication de l'enseignant est un moteur inestimable de motivation pour le groupe. Son rôle est d'impulser la prise de parole en français à travers le jeu théâtral.

Certaines règles sont à définir pour que l'activité prenne toute sa dimension théâtrale :

- Parler fort et articuler.
- Éviter de se placer dos au public pour ne pas cacher ses expressions.
- Clarifier la gestuelle : tous les gestes ont leur importance et leur signification.
- Éviter les piétinements et de mettre les mains dans ses poches.
- Éviter la caricature grossière des personnages stéréotypés.

PHASE D'EXPLOITATION

Le bilan

À la suite de chaque improvisation, il est important de dresser le bilan avec l'ensemble de la classe. On y abordera ces différents sujets.

Le ressenti des participants

On demande aux participants d'effectuer un retour sur ce qu'ils ont vécu sur scène. Cette discussion est particulièrement intéressante lorsque le jeu était sincère et qu'une émotion s'est transmise au public. Les participants exposent les difficultés éprouvées tant au niveau langagier que théâtral.

Les commentaires sur le jeu

L'enseignant encourage le public à faire des commentaires, en français, sur le jeu théâtral. On s'interroge sur les causes des problèmes et on tente de trouver des solutions. Le moment est propice pour expliquer à nouveau la consigne si cette dernière n'a pas été comprise ou respectée. L'avis du professeur reste très important pour les apprenants. On encourage les plus timides à persévérer et on félicite, sans trop les flatter, les plus téméraires. Même si un apprenant se révèle un excellent acteur, l'image de l'élève star est à éviter à tout prix. Les apprenants se demandent souvent qui joue le mieux. La question est un non sens car si certains émeuvent ou font rire plus que d'autres, au théâtre on ne joue pas mieux, on joue simplement différemment. La qualité de jeu se mesure du point de vue pédagogique par les efforts langagiers et au niveau théâtral par l'implication de l'apprenant.

Les questions du public

Proportionnellement, les apprenants passent plus de temps à écouter qu'à jouer. En effet, l'activité demande un réel effort de compréhension orale. Lors des discussions, le public pose ses questions directement aux élèves-acteurs. On s'interroge sur la clarté des personnages et de leurs actions, ou encore sur la trame de l'histoire. C'est pour l'enseignant un moment propice pour étoffer le vocabulaire et exploiter les notions grammaticales utilisées dans le jeu.

Les corrections langagières

On encourage les apprenants à se rappeler leurs propres erreurs. L'enseignant invite également le public à repérer les fautes de prononciation. Comme nous l'indiquions plus haut, le professeur aura pris soin de prendre des notes pendant la scénette. Il anime la discussion et explicite ses propres remarques. Ces commentaires servent de base à une exploitation pédagogique plus large pouvant aboutir à un travail écrit.

L'exploitation du non verbal

Il n'est pas aisé pour l'apprenant de comprendre l'intérêt pédagogique du non verbal. Si je ne parle pas, je n'apprends pas ! Certes, mais la parole toute seule n'a pas de sens. Les gestes et les intentions donnent du relief à la langue. Les expressions orale et corporelle sont définitivement liées.

Les scénettes non verbales peuvent être exploitées dès le niveau débutant. Les mimes expriment des actions facilement identifiables permettant de travailler sur de nombreux champs lexicaux. Plus le jeu corporel est clair, plus son utilisation sémantique sera détaillée et optimale. Lors des discussions de groupe, on tente de découvrir les objets ou les actions qui ont été mimés. Par exemple, réaliser un mime depuis son réveil jusqu'à son départ de la maison (Fiche 14) permet de faire découvrir un grand nombre d'activités matinales tout en utilisant les verbes pronominaux (*se doucher, se brosser les dents,* etc.) L'objectif est, tant de la part des participants que du public, de concevoir une représentation visuelle du lexique.

Dans le cas d'une émotion ou d'un goût, l'expression non verbale permet d'aborder les nuances. Par exemple, on demande aux apprenants de tirer une carte numérotée de 1 à 6 et d'interpréter une émotion graduée en fonction du chiffre (Fiche 108). Le reste de la classe doit découvrir quel était le numéro et définir le mot qui convient. Grâce au travail corporel, les apprenants deviennent leur propre support d'apprentissage. Ils vivent les mots en les jouant et les reconnaissent en les voyant ou en les écoutant.

Possibilité d'évaluation

Des évaluations peuvent se réaliser de manière ponctuelle. Le jeu théâtral révèle les compétences de chacun. Les scénettes permettent d'appliquer les notions apprises en classe et leur donnent un support à travers un scénario cohérent. L'activité permet ainsi de mesurer la progression orale des apprenants. Toutefois, l'obtention de la note ne doit pas être leur principale source de motivation.

Principaux critères d'évaluation

Du point de vue pédagogique

– La prononciation
– La fluidité du langage
– La richesse du lexique
– La syntaxe

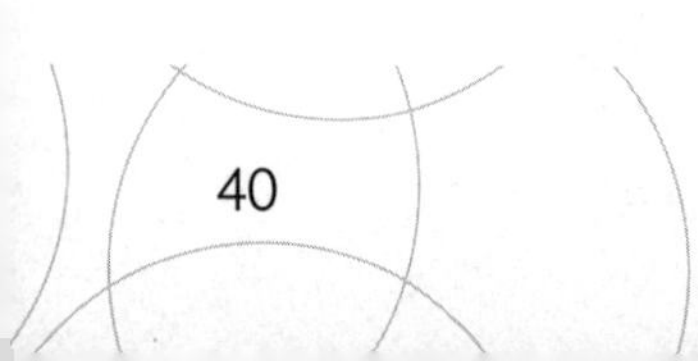

Du point de vue théâtral

– L'implication, les efforts de l'apprenant
– La clarté de l'expression corporelle
– Le niveau d'audibilité

I. Les activités théâtrales en classe de langue

Deuxième partie

Fiches pratiques

NIVEAU DÉBUTANT A1/A2

Objectif 1 : Se présenter

Fiche 1 — Se présenter au groupe

Niveau : A1
Type : dynamisation en cercle
Objectif pédagogique : se présenter
Grammaire : verbes *être, avoir* et *s'appeler* au présent
Lexique : la présentation personnelle
Objectif personnel : s'exprimer face au groupe
Durée : 5 minutes
Participation : Toute la classe
Lieu : en classe – espace de jeu
Matériel : aucun
Support pédagogique : aucun

Déroulement

En cercle, les apprenants se présentent les uns après les autres en disant leur nom et en effectuant un geste. Par exemple : *Bonjour, je m'appelle Annabelle.* en levant les bras au ciel. Le groupe lui répond en chœur *Bonjour Annabelle.* en imitant le même geste et la même intonation. Les apprenants se présentent ainsi à tour de rôle.

Variante

En changeant le contenu de la phrase :

- Exclamation : *Il fait beau aujourd'hui !*
→ Le groupe répète en chœur l'exclamation.
- Interrogation : *Quelle heure est-il ?*
→ Le groupe répond en chœur à l'interrogation.
- Pronoms personnels : *J'ai 16 ans.*
→ Le groupe répond en chœur *il/elle a 16 ans.*

Fiche 2 — De quoi est fait ton prénom ?

Niveau : A1
Type : dynamisation en cercle
Objectif pédagogique : se présenter
Lexique : les voyelles et les consonnes
Objectif personnel : mémoire, concentration et interaction
Durée : 10 à 15 minutes
Participation : toute la classe
Lieu : en classe – espace de jeu
Matériel : aucun
Support pédagogique : aucun

Déroulement

• 1re phase : en cercle, chaque apprenant dit son prénom à son voisin de droite. Celui-ci répète le prénom en écho. Les prénoms circulent ainsi dans le sens des aiguilles d'une montre. On effectue le second tour en y ajoutant une intonation particulière. Exemples : *timidité, joie, colère,* etc.

• 2e phase : en suivant le même principe, les apprenants ne répètent que les voyelles du prénom qu'ils entendent. Au deuxième tour, ils ne répètent que les consonnes. Au troisième tour, on sépare clairement les syllabes.

Remarque

Pour corser le jeu, les apprenants peuvent faire circuler leur prénom en s'adressant à la personne de leur choix dans le cercle.

Fiche 3 Les prénoms de mes voisins

Niveau : A1
Type : dynamisation en cercle
Objectif pédagogique : se présenter
Lexique : les voyelles, les consonnes, les chiffres et les métiers
Objectifs personnels : mémoire, concentration et interaction
Durée : 10 à 15 minutes
Participation : toute la classe
Lieu : en classe – espace de jeu
Matériel : aucun
Support pédagogique : aucun

Déroulement

Un participant est placé au centre du cercle. Il compte à voix haute jusqu'à trois en désignant une personne. Cette dernière doit dire le prénom de ses deux voisins dans le temps imparti. Si elle échoue, elle prend la place de son camarade au centre du cercle et interroge une nouvelle personne.

Variante

Les participants épellent les voyelles ou les consonnes présentes dans les prénoms de leurs voisins. Le même jeu est réalisable avec l'âge ou le métier.

Remarque

Cet exercice est idéal pour apprendre à se connaître en début d'année. Le décompte commence au rythme des secondes et s'accélère au fur et à mesure du déroulement du jeu.

Fiche 4 Qui êtes-vous ?

Niveau : A1 et A2
Type : scénette parlée
Objectif pédagogique : se présenter
Grammaire :
– le tutoiement et le vouvoiement
– les pronoms personnels
– les verbes *s'appeler, être* et *avoir*
Lexique : la présentation, l'âge, le métier et la nationalité
Objectif personnel : interprétation d'un personnage
Durée par scénette : 2 minutes
Temps de préparation : 10 minutes
Participation : par groupe de 2.
Lieu : en classe – espace scénique
Matériel : accessoires (facultatif)
Support pédagogique : fiches cartonnées

Avant le jeu

Écrire sur les fiches des noms de personnages afin de préparer un tirage au sort. Qu'ils soient imaginaires ou réels, les noms doivent être connus des participants. Exemples : *un top model, un enfant, un vieillard, un homme d'affaires, un président, un roi, un martien,* etc.

Déroulement

Chaque participant tire au sort une fiche. En duo, les apprenants jouent une scène de rencontre où leurs personnages se présentent l'un à l'autre. Chaque personnage adopte une démarche et une attitude qui le caractérise. Le nom, l'âge, le métier, la nationalité et le caractère devront être abordés au cours du dialogue. Les apprenants utilisent le tutoiement ou le vouvoiement en fonction du genre de relations. À la fin de la scène, le public doit découvrir qui étaient les personnages.

Fiche 5 Je te présente...

Niveau : A2
Type : scénette parlée
Objectif pédagogique : présenter un ami
Grammaire :
– tutoiement et vouvoiement
– verbes *être, avoir, s'appeler, habiter*
Lexique : la présentation (profession, loisirs, famille, nationalité, etc.)
Objectifs personnels : jouer des âges différents, expression corporelle et timbre de la voix.
Durée par scénette : 2 minutes
Participation : par groupe de 3
Lieu : en classe – espace scénique
Matériel : aucun
Support pédagogique : aucun

Déroulement

Une personne présente un ami à une troisième personne. Le mode de présentation et la gestuelle varient en fonction de l'âge des personnages :
- 1re phase : des enfants à la maternelle
- 2e phase : des ados au cinéma
- 3e phase : des adultes au travail
- 4e phase : des personnes âgées en maison de retraite

NIVEAU DÉBUTANT A1/A2

Objectif 2 : Exprimer ses goûts

Fiche 6 De j'adore à je déteste

Niveau : A1
Type : jeu de découverte
Objectif pédagogique : exprimer ses goûts
Grammaire : les adverbes d'intensité, la négation
Lexique : l'appréciation, les activités et les aliments
Objectif personnel : expression corporelle et faciale
Durée par jeu : 3 minutes
Temps de préparation : 10 minutes
Participation : individuelle – participation de la classe
Lieu : en classe – espace scénique
Matériel : aucun
Support pédagogique : fiches cartonnées

Avant le jeu

Séparer les fiches en deux piles. Dans la première pile, il y a des noms d'activités ou d'aliments. Dans la seconde, un niveau d'appréciation comme indiqué sur la flèche ci-dessous.
Dessiner une flèche au tableau en indiquant les appréciations suivantes :
détester / ne pas aimer / aimer / aimer beaucoup / adorer

Déroulement

Un apprenant tire une carte de chaque pile. Il mime l'activité en question et son degré d'appréciation en fonction des cartes. Le reste de la classe doit deviner quel est son intérêt pour l'activité.
Exemple : *Carte 1 : Les voyages. Carte 2 : Adorer. Bonne réponse : « Il adore les voyages ».*

Variante pour des niveaux plus élevés

Le professeur demande à un apprenant de jouer une émotion. Il tire un numéro entre 1 et 6 afin de graduer l'intensité de cette émotion. À la fin de l'interprétation, le public tente de deviner le numéro et cherche le vocabulaire approprié. Exemple pour la joie : *1 = gai / 2 = enthousiaste / 3 = satisfait / 4 = content / 5 = heureux / 6 = exalté*

Fiche 7 — Mon meilleur ami

Niveau : A1 et A2
Type : jeu de découverte
Objectif pédagogique : parler des goûts et des habitudes d'un camarade.
Grammaire :
– l'interrogation, l'affirmation et la négation
– les verbes *aimer, pratiquer, faire, préférer*
Lexique : les couleurs, les animaux, les loisirs, les goûts, etc.
Objectif personnel : apprendre à se connaître mutuellement
Durée : 10 minutes
Temps de préparation : 20 minutes
Participation : 7 apprenants
Lieu : en classe – espace scénique
Matériel : une chaise, un faux micro, 3 feuilles A4
Support pédagogique : fiches cartonnées

Avant le jeu

1) Préparer une liste de questions fermées
Quelle est sa couleur préférée ? → rouge / vert / bleu / violet / autre
A-t-il/elle un animal de compagnie ? → chat / chien / hamster / aucun / autre
Quel est son plat préféré ? → pâtes / hamburger / frites / pizza / autre
Quel sport pratique-t-il/elle ? → football / judo / tennis / aucun / autre

2) Préparer trois feuilles pour « la claque ». Écrire : « *Applaudissements* » sur la première, « *Rires* » sur la deuxième et « *Houuu !* » sur la troisième.

3) Chaque participant répond à la liste de questions en indiquant son nom et la remet au présentateur du jeu.

Déroulement

Un apprenant joue le présentateur de l'émission télévisée *Mon meilleur ami*. Six autres participants constituent les couples d'amis en compétition. Le présentateur interroge chaque candidat sur les goûts et habitudes de son partenaire de jeu. L'apprenant chargé de faire la claque note les points au tableau et fait interagir le public.

Fiche 8 L'interview de star

Niveau : A2
Type : scénette parlée
Objectif pédagogique : décrire les goûts et la personnalité d'une star
Grammaire :
– les formes interrogatives
– les verbes d'appréciation (*aimer, adorer, détester*)
Lexique : les goûts, les loisirs, la nourriture, les qualités, les défauts
Objectifs personnels : interprétation d'un personnage, voix, posture
Durée par scénette : 5 minutes
Temps de préparation : 15 à 20 minutes
Participation : en duo ou par groupe de 3.
Lieu : en classe – espace scénique
Matériel : accessoires (chapeau, lunettes de soleil, etc.), une caméra (facultatif)
Support pédagogique : questionnaire ci-dessous.

Avant le jeu

1) Écrire au tableau les noms des différentes stars du moment (acteurs, chanteurs, etc.).

2) Préparer un questionnaire sur papier ou au tableau afin de connaître les goûts de l'artiste :
Bonjour…
Qu'est-ce que vous aimez le plus au monde ?
Qu'est-ce que vous détestez le plus ?
Quel est votre plat préféré ?
Quels sont vos loisirs ?
Quel est votre film favori ?
Quel est votre plus grand défaut ?
Quelle est votre plus grande qualité ?
Merci beaucoup… Et à bientôt !

Déroulement

Un apprenant se met dans la peau d'une star et répond aux questions d'un journaliste sur ses goûts et loisirs. Un troisième participant peut filmer la scène, ce qui permettra d'écouter le dialogue et de repérer les fautes de prononciation ou de syntaxe.

Variante

À la place d'une interview de star, on peut interroger des gens par type de métier. Exemples : *un boulanger, un astronaute, un avocat, un médecin,* etc.

Fiche 9 Conseils d'ami(e)

Niveau : A2
Type : scénette parlée
Objectif pédagogique : demander ou donner une information
Grammaire :
– l'interrogation, l'affirmation, la négation
– verbes d'appréciation (*aimer, adorer, détester*)
– les articles définis
Lexique : les goûts et les loisirs
Objectifs personnels : interprétation d'un personnage, capacité d'imagination
Durée de l'improvisation : 5 minutes
Participation : par groupe de 2
Lieu : en classe – espace scénique
Matériel : aucun
Support pédagogique : aucun

Avant le jeu

Révision du vocabulaire et des formes interrogatives.

Déroulement

A est amoureux/euse de B. Il/Elle demande à C (le ou la meilleur/e ami/e) de B quels sont les goûts et les activités préférées de B.

Variante

Un peu avant la fin de l'improvisation, B entre en scène.

Fiche 10 Les petites annonces sentimentales

Niveau : A1 et A2
Type : scénette parlée
Objectifs pédagogiques : se présenter et parler de ses goûts.
Grammaire :
– les verbes d'appréciation (*aimer, adorer, détester*)
– les adverbes d'intensité : *un peu, plus, très, beaucoup*
– les verbes : *rechercher, vouloir, désirer*
Lexique :
– la présentation physique et psychologique
– les goûts et les loisirs
Objectif personnel : jouer face à la caméra
Durée par scénette : 2 minutes
Temps de préparation : 15 minutes
Participation : individuelle
Lieu : en classe – espace scénique
Matériel : accessoires et caméra (facultatif)
Support pédagogique : annonce, voir exemple ci-dessous.

Jeune femme, 28 ans, célibataire, recherche homme moins de 40 ans pour une relation sérieuse. Je suis brune, j'ai les yeux verts. Je mesure 1 mètre 68 et je suis plutôt fine. J'aime aller au cinéma et assister à des concerts. Je n'aime pas le sport mais j'aime jouer au ping-pong avec mes amis. Je déteste l'hypocrisie. Etc.

Avant le jeu

Compréhension écrite d'une petite annonce sentimentale.
À partir du modèle ci-dessus, demander aux apprenants d'écrire une petite annonce en se mettant dans la peau d'un personnage. Exemples : *un vagabond, un homme d'affaires, une femme au foyer* ou encore *Tintin, Astérix* ou *Cléopâtre*.

Déroulement

À tour de rôle, les apprenants présentent leur petite annonce en interprétant leur personnage face au public ou à la caméra. Filmer les annonces permet de revenir sur les erreurs syntaxiques et phonétiques.

Exploitation écrite

Demander aux apprenants d'écrire le profil de leur personnage en utilisant les informations des petites annonces.

NIVEAU DÉBUTANT A1/A2

Objectif 3 : Se situer dans l'espace

Fiche 11 Guide pour non-voyant

Niveau : A1
Type : dynamisation en mouvement
Objectif pédagogique : donner des indications
Lexique : les adverbes de lieu (*droite, gauche, devant, derrière*)
Objectif personnel : se laisser guider par son partenaire
Durée : 5 minutes
Participation : toute la classe
Lieu : en classe – espace de jeu
Matériel : un bandeau
Support pédagogique : aucun

Avant le jeu

Révision des adverbes de lieu.

Déroulement

Un apprenant se bande les yeux et se déplace grâce aux indications de son guide. Le reste de la classe constitue les obstacles à éviter. Le guide n'a le droit de prononcer que les mots suivants : *droite, gauche, devant, derrière, stop*.

Remarque

Cet exercice est intéressant pour souder un groupe et travailler sur la confiance. On peut également guider l'aveugle en tapant dans ses mains.

Variante

Le groupe forme un cercle et un apprenant se met au centre, les yeux bandés. Le professeur fait signe à quelqu'un de taper dans ses mains. La personne qui est au centre doit signaler d'où vient le bruit.

Fiche 12 L'autobus

Niveau : A1
Type : dynamisation
Objectif pédagogique : assimiler les directions
Lexique : les adverbes de lieu (*droite, gauche, devant, derrière*)
Objectif personnel : la synchronisation
Durée : 5 minutes
Participation : toute la classe
Lieu : en classe – espace de jeu
Matériel : le même nombre de chaises que d'élèves
Support pédagogique : aucun

Déroulement

Les apprenants s'assoient deux par deux les uns derrière les autres comme les passagers d'un autobus. Le chauffeur s'installe à la tête de la file et annonce *droite* ou *gauche* à chaque virage. Les passagers doivent basculer dans le bon sens. À « stop » ils mettent le torse en avant, tête baissée. À « On repart » ils basculent en arrière. Attention à la synchro !

Remarque

Ce jeu est particulièrement apprécié par les groupes d'enfants du primaire.

Fiche 13 — Pardon monsieur...

Niveau : A2
Type : scénette parlée
Objectif pédagogique : demander son chemin.
Grammaire :
– l'interrogation (*où, comment, combien*) et l'exclamation
– les adverbes de lieu, de temps et d'espace.
Lexique : le champ lexical de la ville (*feu rouge, croisement, rue, boulevard...*)
Objectif personnel : capacité d'improvisation
Durée par scénette : 2 minutes
Participation : par groupe de 2
Lieu : en classe – espace scénique
Matériel : aucun
Support pédagogique : aucun

Avant le jeu

Révision du vocabulaire.

Déroulement

Un touriste demande son chemin à un passant.
Décliner les possibilités : *le passant ne parle pas français, il est sourd, perdu, bavard,* etc.

Variante

Jouer une première fois la scène sans parler. À la fin de l'improvisation gestuelle, l'apprenant qui demandait son chemin doit être capable d'expliquer les indications de son partenaire.

NIVEAU DÉBUTANT A1/A2

Objectif 4 : La vie quotidienne

Fiche 14 — Le réveil

Niveau : A1
Type : scénette non verbale
Objectif pédagogique : interpréter les activités matinales
Grammaire : les verbes pronominaux
Lexique : les activités matinales
Objectif personnel : clarté de l'expression corporelle
Durée par scénette : 5 minutes maximum
Participation : individuelle – participation de la classe
Lieu : en classe – espace scénique
Matériel : un tapis de gymnastique
Support pédagogique : un lecteur de CD et de la musique

Avant le jeu

Définir les espaces scéniques :

- À gauche : la chambre
- Au milieu : la cuisine
- À droite : la salle de bains

Déroulement

Un apprenant mime ses actions matinales en suivant le rythme de la musique (*se réveiller, se brosser les dents,* etc.). Chaque action doit être compréhensible grâce à la clarté du langage corporel. Choisir une musique qui comporte de nombreuses variations rythmiques telles que le jazz ou la musique classique.

Exploitation pédagogique

À la fin du mime, les apprenants énumèrent les actions matinales qui ont été jouées. Le professeur les note au tableau. Le jeu continue jusqu'à épuisement du vocabulaire.

Fiche 15 L'arrêt de bus

Niveau : A2
Type : scénette non verbale puis parlée
Objectif pédagogique : interagir dans la vie quotidienne
Objectif personnel : évolution d'un personnage à travers l'attente
Durée par scénette : 5 minutes maximum
Temps de préparation : 5 minutes
Participation : par groupe de 5
Lieu : en classe – espace scénique
Matériel : accessoires (chapeaux, sac, etc.)
Support pédagogique : aucun

Avant le jeu

Choisir cinq personnages stéréotypés. Exemples : *un personnage déprimé, un autre pressé, un râleur, un ado qui écoute de la musique.*

Déroulement

Les apprenants interprètent des personnages qui attendent le bus. Ce dernier est très en retard. La scène commence avec une seule personne, les autres arrivent ensuite progressivement. Chacun joue l'attente en fonction de son personnage sans interagir avec le groupe. Puis, peu à peu, des relations s'établissent.

Remarque

La scène est muette jusqu'au moment où se crée la rencontre entre les personnages.

Fiche 16 Chez le médecin

Niveau : A1 et A2
Type : scénette parlée
Objectif pédagogique : interagir dans la vie quotidienne
Grammaire : futur proche, futur simple, négation, exclamation
Lexique :
– le corps : localiser la douleur
– les maladies connues
– adverbes d'intensité (*beaucoup, assez, très*) et de lieu (*ici, là*)
Objectif personnel : intensité du jeu
Durée par scénette : 5 à 10 minutes
Participation : par groupe de 5
Lieu : en classe – espace scénique
Matériel : 3 chaises
Support pédagogique : aucun

Déroulement

Dans une salle d'attente, quatre patients attendent désespérément d'être reçus par le médecin. Ils ont tous mal à un endroit différent. Régulièrement, un infirmier entre et dit : *Le docteur va venir*. On assiste alors à une montée en crescendo de la douleur et de l'énervement des patients. Finalement, l'infirmier entre et dit : *Désolé, le docteur ne viendra pas*.

Remarque

Mettre sur la scène moins de chaises que de participants permet de créer une situation de jeu plus intéressante.

Fiche 17 Faire les courses

Niveau : A1 et A2
Type : scénette parlée
Objectif pédagogique : interagir dans la vie quotidienne
Grammaire :
– les verbes *aimer, vouloir, désirer*
– l'interrogation et le conditionnel de politesse
– les adjectifs qualificatifs
Lexique :
– les aliments, les formes, les couleurs
– les formules de politesse
– les chiffres (demander le prix et rendre la monnaie)
Objectifs personnels : écoute et clarté de l'expression orale
Durée par scénette : 2 à 3 minutes
Participation : toute la classe
Lieu : en classe – espace scénique
Matériel : une table
Support pédagogique : aucun

Avant le jeu

Révision du vocabulaire.

Déroulement

La scène se déroule chez un marchand de fruits et légumes. Les participants sont placés en file indienne. Le marchand, derrière son comptoir, leur fait face. Chaque apprenant défile à son tour et formule sa demande. Tous les participants doivent être très attentifs aux commandes précédentes. S'ils se trompent et répètent les aliments, ils prennent la place du vendeur.

Variante

Réaliser la scène chez d'autres commerçants pour exploiter des champs lexicaux différents.

Fiche 18 Chez le coiffeur

Niveau : A2
Type : scénette parlée
Objectifs pédagogiques : exprimer clairement une requête et parler de la vie quotidienne
Grammaire :
– marquer l'approbation (*oui, bien sûr, tout à fait*, etc.)
– le conditionnel de politesse (*je voudrais, j'aimerais*)
Lexique :
– types de cheveux : *courts, longs, épais, fins, raides, ondulés, frisés*
– adjectifs de couleurs : *teindre en rouge, en vert, en bleu*, etc.
– vocabulaire spécifique : *un shampooing, un brushing, une coloration, des tresses, une permanente*
Objectif personnel : se faire comprendre
Durée par scénette : 3 minutes
Participation : par groupe de 2
Lieu : en classe – espace scénique
Matériel : une chaise
Support pédagogique : aucun

Déroulement

• 1re phase : le client explique à travers des gestes la coupe qu'il désire. Le coiffeur suit attentivement ces gestes et approuve verbalement à tout moment. À la fin du mime, le coiffeur traduit avec des mots ce qu'il a compris.
• 2e phase : scène parlée. Le client tente d'expliquer avec le plus de clarté possible la coupe qu'il désire. Le coiffeur a mal compris et réalise une coupe très différente. Montrer les réactions du client et celles du coiffeur face à la coupe obtenue.

Remarque

Cette scène peut se réaliser en bilingue, le coiffeur s'exprimant dans sa langue natale et le client en français.

NIVEAU DÉBUTANT A1/A2

Objectif 5 : Décrire quelqu'un

1) Physiquement

Fiche 19 Face à face

Niveau : A1
Type : jeu de découverte
Objectif pédagogique : description physique
Grammaire : accord et place des adjectifs dans la phrase
Lexique : vocabulaire des vêtements, des formes et des couleurs
Objectif personnel : mémorisation
Durée du jeu : 5 à 10 minutes
Temps de préparation : 5 minutes
Participation : par groupe de 2.
Lieu : en classe – espace de jeu
Matériel : aucun
Support pédagogique : aucun

Avant le jeu

Révision du vocabulaire. Écrire au tableau la construction de la phrase :

Elle	*a*	*une*	*longue*	*jupe*	*verte*
sujet	verbe	art. indéfini	adjectif	nom	adj. couleur

Déroulement

Deux apprenants s'observent face à face pendant 1 minute. Puis ils se retournent et décrivent l'habillement de leur compagnon avec le plus de détails possible. Le professeur ou un troisième apprenant note le vocabulaire au tableau sur deux colonnes. À la fin du jeu, le participant qui a énoncé le plus de mots, gagne.

Fiche 20 — Au bout des doigts

Niveau : A1
Type : jeu de découverte
Objectif pédagogique : description physique
Lexique : le corps
Objectifs personnels : rapidité et mémorisation
Durée : 10 minutes
Temps de préparation : 2 minutes
Participation : 3 apprenants – participation de la classe
Lieu : en classe – espace scénique
Matériel : 2 feuilles A4
Support pédagogique : aucun

Avant le jeu

1) Révision du vocabulaire du corps.
2) Pancarte avec « Applaudissements » sur une face et « Houuu » sur l'autre.
3) Séparer la classe en deux. Chaque groupe choisit un représentant. Ceux-ci se placent sur l'espace scénique.

Déroulement

À tour de rôle, les représentants montrent du doigt une partie de leur corps. L'équipe adverse doit prononcer le mot qui correspond. Si elle ne le trouve pas, l'équipe du joueur a 10 secondes pour donner la bonne réponse et remporter le point. Comme dans une émission télévisée, une personne fait réagir le public avec les pancartes. La première équipe qui remporte 10 points a gagné la partie.

Fiche 21 Le défilé de mode

Niveau : à partir de A2
Type : jeu de découverte
Objectif pédagogique : décrire les vêtements
Grammaire :
– phrases exclamatives
– adjectifs et superlatifs
– adverbes de temps : *et maintenant, à présent, tout de suite*
Lexique : les vêtements, les couleurs, les formes, les matières
Objectifs personnels : gestuelle et présence
Durée d'un passage : 2 minutes
Temps de préparation : 5 minutes
Participation : toute la classe
Lieu : en classe ou dans un couloir
Matériel : des vêtements à la mode et un lecteur CD de musique
Support pédagogique : aucun

Avant le jeu

1) Demander aux apprenants d'apporter des vêtements originaux en vue de réaliser un défilé de mode.
2) Révision du vocabulaire des vêtements et des adjectifs qualificatifs.
3) Écrire des exemples de commentaires au tableau :
Et maintenant, Sophie nous présente une magnifique robe bleue…
Attention, Mathieu monte sur le plateau.
Il est vêtu d'un pantalon large…
Il porte une chemise bleue et blanche…
On peut apprécier ce splendide haut argenté…

Déroulement

Constituer des groupes de deux. Le premier participant joue le mannequin, le second fait le commentateur. Lorsque la musique commence, les mannequins défilent sur la scène à tour de rôle. Au fur et à mesure, leurs partenaires décrivent leurs habits en y mettant l'intonation.

Remarque

Musique conseillée : électronique. Veillez à ce que le volume sonore ne couvre pas les commentaires des élèves.

NIVEAU DÉBUTANT A1/A2

Objectif 5 : Décrire quelqu'un

2) Psychologiquement

Fiche 22 Le caractère

Niveau : A1 et A2
Type : jeu de découverte
Objectif pédagogique : description psychologique
Grammaire : noms et adjectifs
Lexique : types de caractère
Objectif personnel : interpréter une émotion
Durée : 1 minute par improvisation
Temps de préparation : 5 minutes
Participation : un apprenant – participation de la classe
Lieu : en classe – espace scénique
Matériel : aucun
Support pédagogique : 6 fiches cartonnées

Avant le jeu

écrire sur six cartes un caractère et le sentiment correspondant.

CARACTÈRE	SENTIMENT
timide	*timidité*
coléreux	*colère*
joyeux	*joie*
triste	*tristesse*
peureux	*peur*
fou	*folie*

Déroulement

Un élève pioche une carte. Il prononce la phrase : *Il fait beau aujourd'hui* avec l'intonation propre au sentiment sélectionné. Le reste de la classe doit découvrir le sentiment et le caractère correspondant.

Fiche 23 L'homme ou la femme idéal(e)

Niveau : A2
Type : scénette parlée
Objectifs pédagogiques : la description physique et psychologique
Grammaire :
– adjectifs qualificatifs
– superlatifs
– conditionnel ou formulation avec *si* + imparfait + conditionnel
Lexique :
– la description physique
– les qualités humaines (*honnêteté, gentillesse, fidélité*)
Objectif personnel : interprétation d'un personnage
Durée : 5 minutes par improvisation
Participation : par groupe de 3
Lieu : en classe – espace scénique
Matériel : aucun
Support pédagogique : aucun

Avant le jeu

Révision des adjectifs qualificatifs :

MASCULIN	FÉMININ
beau, séduisant	*belle, séduisante*
fort, musclé	*élégante, sexy*
riche	*riche*
intelligent	*intelligente*
tendre	*tendre*
gentil	*gentille*

Formulations : *Il/Elle aime...*

Déroulement

Décrire à un(e) ami(e) l'homme ou la femme idéal(e). Un peu avant la fin de l'improvisation, l'homme ou la femme en question entre en scène.

Exploitation du vocabulaire
Général

Fiche 24 Les quatre points cardinaux

Niveau : tous les niveaux
Type : dynamisation en mouvement
Objectifs pédagogiques : révisions multiples de grammaire et de vocabulaire
Objectifs personnels : rapidité et concentration
Durée : 10 minutes
Participation : toute la classe
Lieu : en classe – espace de jeu
Matériel : 4 chaises
Support pédagogique : fiches cartonnées

Avant le jeu

- Choisir le vocabulaire ou la règle de grammaire à exploiter.
- Délimiter l'aire de jeu en plaçant quatre chaises aux quatre extrémités.
- Écrire quatre champs lexicaux et placer les fiches sur les chaises. Exemples : *les couleurs, les animaux, les végétaux, le corps*.

Déroulement

Les participants marchent sur l'aire de jeu en occupant tout l'espace. Lorsque le professeur énonce un mot, tous les participants se dirigent vers la chaise correspondant au champ lexical du mot. Par exemple, le mot « chat » correspond à la chaise « animaux ». Certains mots peuvent avoir une double appartenance. Exemple : *rose = végétaux et couleurs*. Le premier arrivé à la chaise a gagné et le jeu se poursuit.

Variante

Cet exercice peut se réaliser avec un autre type de fiches :
- fiches de grammaire : *nom, verbe, adjectif, déterminant*
- fiches de conjugaison : *verbes conjugués au présent, futur, imparfait, passé composé*

Fiche 25 Les statues personnages

Niveau : A1
Type : dynamisation en mouvement
Objectif pédagogique : enrichissement du vocabulaire
Lexique : choisir un champ lexical
Objectifs personnels : rapidité de l'interprétation et clarté de l'expression corporelle
Durée : 5 à 10 minutes
Participation : toute la classe
Lieu : en classe ou à l'extérieur – espace de jeu assez grand pour que les participants puissent se déplacer aisément
Matériel : un tambourin ou un autre objet pour donner le signal (facultatif)
Support pédagogique : aucun

Déroulement

• 1re phase : les participants marchent sur l'aire de jeu. Le professeur prononce un mot. À ce signal, les participants se figent immédiatement en statue pour interpréter le mot. Exemples : *une étoile, le soleil, la lune,* etc.
• 2e phase : les apprenants se regroupent par 2 ou 3 pour représenter le mot.
• 3e phase : ajouter des adjectifs. Exemples : *un éléphant triste, malade, petit,* etc.

Remarque

Ce jeu est applicable à de nombreuses familles de mots. En réalisant régulièrement cet exercice, l'apprenant associera de manière systématique la sonorité du mot à sa représentation visuelle.

Exploitation du vocabulaire
Les couleurs

Fiche 26 — Les balles de couleurs

Niveau : A1
Type : dynamisation en cercle
Objectif pédagogique : utiliser le vocabulaire des couleurs
Objectifs personnels : concentration et écoute
Durée : 5 minutes
Participation : toute la classe
Lieu : en classe
Matériel : aucun
Support pédagogique : aucun

Déroulement

• 1re phase : les couleurs primaires
Les participants forment un cercle. Le professeur fait apparaître par magie une balle de couleur imaginaire. Il la fait sauter dans sa main, la regarde et répète plusieurs fois sa couleur. Exemple : *rouge, rouge, rouge*. Puis il lance la balle imaginaire à un apprenant. Ce dernier joue avec en répétant toujours la couleur. La balle circule dans le cercle. Le professeur fait alors apparaître une deuxième balle, bleue ou jaune, puis une troisième. À la fin du jeu, il demande aux apprenants qui a la balle rouge, la jaune ou la bleue.

• 2e phase : les couleurs secondaires
Une fois les balles localisées, un participant en choisit deux, les mélange dans sa main et annonce la couleur obtenue. Le jeu peut continuer.

Remarque

Cet exercice demande de la concentration de la part des apprenants et permet de parcourir différents champs lexicaux. Le jeu peut être modifié pour exploiter le vocabulaire des formes, des objets ou encore des émotions.

Fiche 27 Symbolique des couleurs

Niveau : A2
Type : scénette non verbale
Objectif pédagogique : utilisation du vocabulaire des couleurs
Objectifs personnels : construction de groupe – différences culturelles
Durée : 1 minute par improvisation
Temps de préparation : 2 minutes
Participation : par groupe de 4
Lieu : en classe – espace scénique
Matériel : aucun
Support pédagogique : aucun

Avant le jeu

- Les groupes d'apprenants choisissent en secret une couleur.
- Ils préparent leur scène pendant deux minutes.

Déroulement

Par groupe de quatre, les participants représentent la couleur sur scène à travers une improvisation gestuelle. Les bruitages sont autorisés.
Exemples d'interprétation :
bleu : mer, ciel
vert : forêt, golf
rouge : amour, taureau

Après le jeu

Aborder les différences culturelles sur la signification des couleurs en fonction des pays.

Variante

Jouer la scène de façon parlée à travers une situation. Exemples : *un deuil pour le noir* ou *une scène passionnelle pour le rouge*.

Exploitation du vocabulaire
Les nombres

Fiche 28 À la poubelle !

Niveau : A1
Type : dynamisation en cercle
Objectif pédagogique : compter
Objectifs personnels : dynamisation et défoulement
Durée : 2 minutes
Participation : toute la classe
Lieu : en classe – espace de jeu
Matériel : une poubelle
Support pédagogique : aucun

Avant le jeu

Placer une poubelle au centre du cercle. Les participants tournent la paume de la main droite vers le ciel. Ils concentrent au creux de la main leurs énergies négatives (*peur, stress, fatigue*).

Déroulement

Pour se débarrasser de ces énergies, les apprenants vont tout jeter à la poubelle. Pour cela, ils comptent en chœur jusqu'à 5, et accompagnent chaque chiffre d'un mouvement de la main droite en direction de la poubelle. Ils poursuivent l'exercice avec la main gauche, puis le pied droit et enfin le pied gauche. Ils recommencent immédiatement après avec la main droite, cette fois en comptant de 1 à 4. Le jeu continue de cette manière, en réduisant à chaque fois d'un chiffre.

Variante

Réaliser le même exercice avec les dizaines, puis les centaines. On peut également rallonger la durée de l'exercice en utilisant successivement plusieurs langues.

Remarque

Cet exercice a un effet très positif sur les apprenants. Il permet de canaliser les énergies et de les rassembler autour de l'activité. N'oubliez pas de vider la poubelle à la fin du jeu !

Fiche 29 De 1 à 10

Niveau : A1
Type : dynamisation en cercle
Objectif pédagogique : les chiffres
Objectifs personnels : mémoire et concentration
Durée : 5 à 10 minutes
Participation : toute la classe
Lieu : en classe – espace de jeu
Matériel : aucun
Support pédagogique : aucun

Déroulement

• 1re phase : le professeur est au centre du cercle. Il désigne, les uns après les autres, tous les participants, dans un ordre aléatoire. Ces derniers répondent avec les chiffres de 1 à 10. Le premier apprenant désigné dit « 1 ». Le second (qui n'est pas forcément son voisin) dit « 2 » et ainsi de suite. Le premier tour s'achève avec le chiffre 10, puis le jeu recommence à 1 toujours dans un ordre aléatoire.

• 2e phase : cette fois, on remplace certains chiffres par des gestes ou des actions. Par exemple, à la place de « 3 » l'apprenant désigné saute en l'air. Le jeu s'arrête lorsque tous les chiffres ont été remplacés par des gestes ou des actions.

Variante

Même formule, mais on remplace les chiffres par des mots ou de courtes phrases. Exemple : à la place du chiffre 5, dire *Comment allez-vous ?*

Remarque

Pour ajouter une note de défi, le jeu peut être éliminatoire.

Exploitation du vocabulaire
Les parties du corps

Fiche 30 La matière

Niveau : A2
Type : dynamisation en duo
Objectif pédagogique : exploiter le vocabulaire du corps
Grammaire : l'impératif
Objectifs personnels : confiance et souplesse
Durée : 5 minutes par composition
Participation : en duo
Lieu : en classe – espace de jeu
Matériel : aucun
Support pédagogique : photos de sculptures

Avant le jeu

Former des groupes de deux. Un apprenant joue le sculpteur et l'autre la matière.
Distribuer une image à chaque « sculpteur » sans la montrer à son camarade.

Déroulement

Le sculpteur réalise une statue avec le corps de son équipier uniquement par la voix. Exemple : *Lève le bras. Baisse la tête. Plie les jambes*, etc. Aucun contact physique n'est autorisé.

Fiche 31 Nez à nez

Niveau : A1
Type : dynamisation en mouvement
Objectif pédagogique : exploiter le vocabulaire du corps
Objectifs personnels : écoute et concentration
Durée : 3 minutes
Participation : toute la classe
Lieu : en classe – espace de jeu
Matériel : aucun
Support pédagogique : aucun

Avant le jeu

Révision du vocabulaire du corps.

Déroulement

Les apprenants marchent sur l'aire de jeu en utilisant tout l'espace. Le professeur indique deux parties du corps. Exemple : tête / épaule. Deux par deux, les participants mettent en contact les parties du corps indiquées (voir dessin).
Autres exemples : *coude / genou ; coude / coude ; oreille / oreille ; dos / dos*

Remarque

Interdire la précipitation pour éviter les accidents.

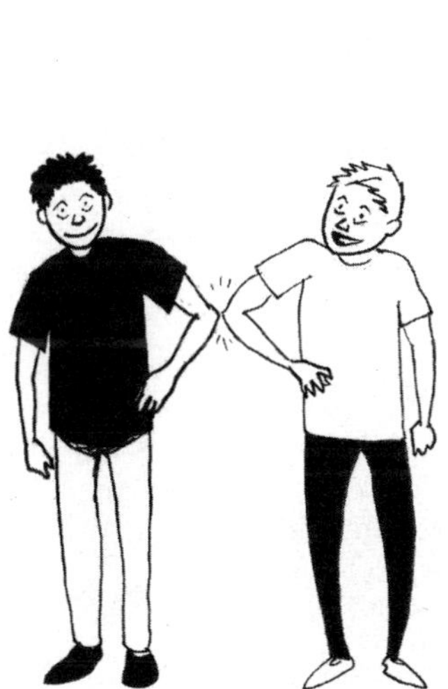

Exploitation du vocabulaire
La maison

Fiche 32 Chez moi, il y a...

Niveau : A1
Type : scénette non verbale
Objectif pédagogique : vocabulaire de la maison et du mobilier
Objectif personnel : mimer
Durée par scénette : 5 minutes
Participation : une personne – participation de la classe
Lieu : en classe – espace scénique
Matériel : aucun
Support pédagogique : aucun

Avant le jeu

Révision du vocabulaire de la maison et du mobilier.

Déroulement

Le professeur indique une pièce de la maison. Un par un, les apprenants miment une situation dans laquelle le mobilier de la pièce est utilisé. Une fois l'improvisation terminée, le public cite tous les objets reconnus.

Remarque

Il est interdit de parler ; en revanche, les onomatopées et bruitages sont autorisés.

Fiche 33 Le chef cuisinier

Niveau : A2
Type : scénette parlée
Objectif pédagogique : donner des ordres
Lexique : la cuisine et les aliments
Grammaire : l'impératif et les verbes d'actions
Objectif personnel : rapidité d'exécution
Durée par scénette : 5 minutes
Temps de préparation : 10 minutes
Participation : par groupe de 2
Lieu : en classe – espace scénique
Matériel : une table
Support pédagogique : une recette de cuisine

Avant le jeu

Révision du vocabulaire des aliments et compréhension écrite de la recette.

Déroulement

Dans un grand restaurant, un cuisinier donne des indications à son apprenti pour préparer un plat. Les ordres sont donnés de plus en plus vite. L'apprenti mime au fur et à mesure les actions qui lui sont demandées.

Jeux sur la grammaire
Les temps du futur

Fiche 34 Le voyant

Niveau : A2
Type : scénette parlée
Objectif pédagogique : parler de l'avenir
Grammaire : le futur proche et le futur simple, le conditionnel
les formes interrogatives, affirmatives et négatives
Lexique : l'amour, l'amitié, l'argent, le travail, le bonheur, la mort
Objectifs personnels : interprétation de personnages et de différents types d'émotions
Durée : 5 minutes par improvisation
Participation : par groupe de 2
Lieu : en classe – espace scénique
Matériel : une table et des cartes de tarot (facultatif)
Support pédagogique : aucun

Déroulement

Les apprenants jouent un voyant et son client. Le voyant prédit le futur en lisant les lignes de la main ou en tirant les cartes. Le client pose des questions précises sur son avenir. Il laisse paraître différentes émotions en fonction des réponses données.

Fiche 35 Comment fais-tu ?

Niveau : A1 et A2
Type : jeu de découverte
Objectif pédagogique : jouer une action
Grammaire : les verbes et les adverbes
Objectif personnel : clarté de l'expression corporelle
Durée : 1 minute par improvisation
Participation : individuelle
Lieu : en classe – espace scénique
Matériel : aucun
Support pédagogique : aucun

Avant le jeu

Écrire au tableau, sur deux colonnes, une liste de verbes et d'adverbes.

Déroulement

Chaque apprenant choisit secrètement un verbe et un adverbe et mime l'action correspondante. Par exemple : *manger / lentement*. Le reste de la classe doit découvrir le verbe et l'adverbe.

Variante

Utiliser des adverbes exprimant la quantité (*beaucoup, un peu, énormément*) ou la fréquence (*souvent, quelquefois, toujours*).

VERBES	ADVERBES
manger	*lentement*
travailler	*énormément*
sortir	*tranquillement*
souffrir	*silencieusement*
marcher	*bruyamment*
dormir	*exagérément*
détruire	*méchamment*
parler	*gentiment*

Jeux sur la grammaire

Syntaxe

Fiche 36 — Le compositeur

Niveau : A1
Type : dynamisation en duo
Objectif pédagogique : structure d'une phrase simple (sujet, verbe, complément)
Objectif personnel : la concentration
Durée : 2 minutes
Temps de préparation : 2 minutes
Participation : par groupe de 2
Lieu : en classe
Support pédagogique : aucun

Avant le jeu

- Penser à des phrases composées d'un total de cinq mots.
- Au tableau, mélanger les éléments de la phrase puis demander aux apprenants de les remettre correctement.

Déroulement

Deux par deux, les apprenants jouent à tour de rôle un compositeur et un « instrument à parole ». La personne interprétant l'instrument met la paume de ses mains vers le haut. On décide alors à quelle partie du corps correspond chacun des cinq mots de la phrase. Le compositeur fait parler son camarade par le toucher. Ils explorent ainsi les différentes possibilités syntaxiques de la phrase.

Exemple : *Il fait très beau aujourd'hui* : *Il* = main droite / *fait* = épaule droite / *très* = sommet du crâne / *beau* = épaule gauche / *aujourd'hui* = main gauche. Pour cet exercice, il est intéressant d'utiliser des palindromes. Exemple : *La mariée ira mal*.

Remarque

En associant chaque mot à une partie précise de son corps, l'apprenant visualise clairement la construction de la phrase. Cette activité est intéressante pour travailler la place des adjectifs et des adverbes dans la phrase.

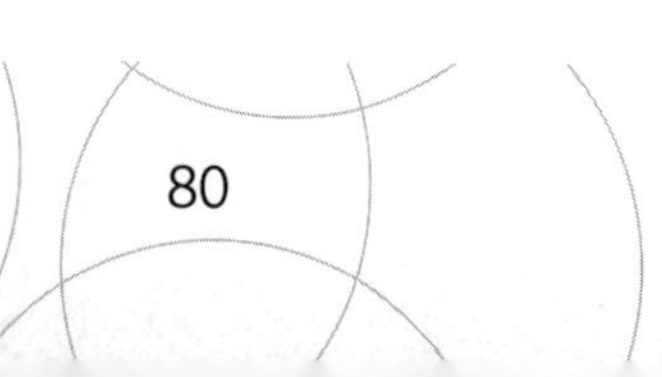

NIVEAU INTERMÉDIAIRE B1/B2

Objectif 1 : Raconter au passé

Raconter une anecdote

Fiche 37 50/50

Niveau : B1
Type : scénette parlée
Objectif pédagogique : raconter une anecdote
Grammaire : le passé composé, l'imparfait et le plus-que-parfait
Lexique : thématique
Objectif personnel : s'exprimer en public
Durée par scénette : 5 minutes
Temps de préparation : 5 minutes
Participation : une personne
Lieu : en classe – espace scénique
Matériel : aucun
Support pédagogique : aucun

Avant le jeu

Demander aux apprenants d'inventer ou de se remémorer une anecdote.

Déroulement

Un apprenant raconte une anecdote au passé. Lorsque le professeur tape dans ses mains, il continue son histoire mais de manière gestuelle. Le professeur effectue à nouveau le signal et l'apprenant reprend la parole. On encourage les apprenants à s'exprimer à la manière d'un conteur, en articulant et en changeant de ton pour capter l'attention du public.

Après le jeu

Demander au public de résumer l'histoire ou de raconter l'un des passages mimés.

Variante

• Pour travailler sur la mémoire et la capacité de synthèse : un apprenant mime une courte anecdote. Une fois la scène terminée, un autre participant retranscrit oralement l'histoire.
• Pour la compréhension orale : un apprenant raconte une anecdote oralement, tandis qu'un autre la mime en simultanée.

Fiche 38 — Le menteur

Niveau : B1
Type : jeu de découverte
Objectif pédagogique : raconter au passé
Grammaire :
– le passé composé, l'imparfait et le plus-que-parfait
– la cause (*car, parce que*) et la conséquence (*alors, c'est pour ça*)
– l'opposition (*bien que, même si, mais, quand même*)
– les adverbes de temps (*d'abord, ensuite, après*)
Lexique :
– Pendant le jeu : emploi de : *tout à coup, c'est alors que, soudain…*
– Pendant la discussion : exprimer une opinion (*à mon avis, je pense que…*)
Communication : défendre ses propos
Objectif personnel : convaincre tout en mentant
Durée : 2 minutes par improvisation
Temps de préparation : 5 à 10 minutes
Participation : une personne à la fois
Lieu : en classe – espace scénique
Matériel : aucun
Support pédagogique : fiches cartonnées

Avant le jeu

- Écrire « Vérité » sur les fiches, sauf sur une où l'on marque « Mensonge ».
- Demander à chaque apprenant de tirer une fiche au hasard.

Déroulement

En fonction du mot écrit sur leur carte, les apprenants se remémorent ou inventent une anecdote. Ceux qui ont reçu la fiche « vérité » racontent sur scène une histoire vraie. L'apprenant qui tire la carte « mensonge » invente une anecdote.

Après le jeu

Une fois que tout le monde a raconté son histoire, on tente de découvrir qui est le menteur en formulant des hypothèses. Chacun défend son histoire et on aboutit à un vote. À l'issue de celui-ci, les apprenants montrent leurs cartes.
Exemples : Donner son avis : ***Je pense que*** *Valérie ment* ***car*** *les fantômes n'existent pas.* Se défendre et argumenter : ***Pour répondre*** *à Benoît, je n'ai pas rêvé,* ***d'ailleurs*** *je n'étais pas seule.*

Variante

Tous les élèves mentent sauf un. Trouver qui dit la vérité.

Fiche 39 La déposition

Niveau : B1 et B2
Type : scénette parlée
Objectifs pédagogiques : décrire et témoigner
Grammaire : l'imparfait, le passé composé et le plus-que-parfait
Lexique :
– description physique et psychologique
– description d'un lieu et d'une situation
Communication : argumenter
Objectif personnel : interprétation d'un personnage
Durée par scénette : 5 minutes
Temps de préparation : 5 minutes
Participation : par groupe de 2
Lieu : en classe – espace scénique
Matériel : une table et deux chaises
Support pédagogique : aucun

Déroulement

Les apprenants interprètent un commissaire et un témoin. Le témoin assure qu'il vient de voir des extraterrestres. Il décrit la scène en utilisant les temps du passé. Le commissaire lui demande plus de précisions.

Variante

• Pour la compréhension orale : l'assistant du commissaire entre en scène. Il doit dessiner les extraterrestres au fur et à mesure de leur description.
• Pour varier le vocabulaire : l'apprenant décrit l'OVNI. Parler des formes, des couleurs et de la matière de l'objet.
On peut décider d'orienter le témoignage vers un champ lexical prédéfini. L'OVNI peut ainsi s'avérer être un tracteur et les extraterrestres, des épouvantails, afin d'explorer le vocabulaire de la campagne !

NIVEAU INTERMÉDIAIRE B1/B2

Objectif 1 : Raconter au passé

Raconter la vie des gens

Fiche 40 Les commères

Niveau : B1 et B2
Type : scénette parlée
Objectifs pédagogiques : commenter et comparer
Grammaire : adjectifs, comparatifs et superlatifs
Lexique : description physique et psychologique
vocabulaire des vêtements et des styles vestimentaires
Objectifs personnels : capacité d'improvisation et de surenchère
Durée : 5 à 10 minutes par improvisation
Participation : par groupe de 3
Lieu : en classe – espace scénique
Matériel : aucun
Support pédagogique : aucun

Déroulement

A et B racontent la vie de C en faisant des commentaires derrière son dos. À un moment donné, C arrive et entend la conversation.

Variante

Inciter à faire de nouvelles propositions ; chaque commentaire commence obligatoirement par « Je dirais même plus... ».
Exemple : *Mon oncle a de grandes oreilles. Je dirais même plus : il a des oreilles d'éléphant. Je dirais même plus, c'est un éléphant. Je dirais même plus, c'est un dinosaure...*

Remarque

Pour éviter le manque de respect, il est indispensable de différencier les personnages des individus. Les noms propres sont donc expressément interdits.

NIVEAU INTERMÉDIAIRE B1/B2

Objectif 1 : Raconter au passé

Raconter un film ou un roman

Fiche 41 L'histoire en direct

Niveau : B1 et B2
Type : scénette parlée et mimée
Objectif pédagogique : raconter un film ou un roman
Grammaire :
– les temps du passé (passé composé, imparfait, plus-que-parfait)
– succession d'actions (*au début, ensuite, après, à la fin*)
– la durée et la fréquence
– les propositions subordonnées de temps (*quand, pendant que, depuis que*)
Lexique : description de personnages, de situations et d'actions
Objectif personnel : clarté de l'expression orale et corporelle
Durée par scénette : 5 minutes
Temps de préparation : 5 minutes
Participation : par groupe de 2
Lieu : en classe – espace scénique
Matériel : aucun
Support pédagogique : aucun

Avant le jeu

Par groupes de 2, les apprenants choisissent un film ou un roman.

Déroulement

Un apprenant raconte l'intrigue d'un film ou d'un livre. Dans le même temps, un ou deux autres participants transcrivent les actions en mime.

Variante pour augmenter la difficulté

On peut réaliser le jeu à l'inverse : un apprenant raconte une histoire en fonction des mimes qui sont réalisés par ses camarades. Une interprétation personnelle de l'histoire est bien sûr autorisée.

Fiche 42 La critique

Niveau : B1 et B2
Type : scénette parlée
Objectif pédagogique : faire la critique d'un film
Grammaire :
– expression de l'opinion : *Je pense que... / Je crois que... / À mon avis...*
– verbes d'appréciation : *adorer, apprécier, aimer, détester*
Lexique :
– description de personnages et de situations
– adjectif qualificatifs : *émouvant, décevant, intéressant*
Interculturel : parler d'un film étranger
Objectif personnel : développer le sens critique
Durée par scénette : 2 à 5 minutes
Temps de préparation : 15 minutes
Participation : par groupe de 2
Lieu : en classe – espace scénique
Matériel : un enregistreur MP3, un téléphone portable ou un dictaphone (facultatif)
Support pédagogique : un questionnaire

Avant le jeu

Former des groupes de 2 composés d'un journaliste et d'une personne interviewée.
Les interviewés choisissent un film qu'ils ont vu récemment.
Les journalistes préparent une liste de questions.

Déroulement

Les apprenants jouent une interview à la sortie du cinéma.

Variante

Le journaliste demande une autocritique au réalisateur ou aux acteurs du film.

Remarque

Enregistrer les improvisations permet de repérer les erreurs langagières de manière ludique.

NIVEAU INTERMÉDIAIRE B1/B2

Objectif 1 : Raconter au passé

Témoigner

Fiche 43 Le procès

Niveau : B1 et B2
Type : scénette parlée
Objectifs pédagogiques : témoigner, accuser, se défendre ou défendre quelqu'un
Grammaire :
– la cause (*car, puisque, à cause de, grâce à*)
– la conséquence (*donc, alors, c'est pour cela que*)
– imparfait, passé composé et plus-que-parfait
– phrases interrogatives et exclamatives
– formulation : *Si* + plus-que-parfait + conditionnel
Exemple : *Si j'avais volé ce tableau, je serais riche aujourd'hui.*
Lexique :
– description d'une situation ou d'un individu
– vocabulaire de la justice : *innocent, coupable, accusé, délibération,* etc.
Objectifs personnels : capacité d'improvisation, apprendre à répliquer
Durée : 10 minutes maximum
Temps de préparation : 5 minutes
Participation : par groupe de 5 plus les témoins
Lieu : en classe – espace scénique
Matériel : aucun
Support pédagogique : aucun

Avant le jeu

Les apprenants choisissent la raison du procès. Les rôles se distribuent de la manière suivante :
- le juge au fond et au centre
- l'avocat de la défense devant à droite
- l'accusé au fond à droite du juge
- l'avocat de l'accusation devant à gauche
- les témoins au fond à gauche du juge

Déroulement

Tous les personnages sont sur scène dès le début du procès. Au signal du professeur, les acteurs tournent ensemble sur l'aire de jeu et prennent le rôle de leur voisin. La dernière phrase énoncée sera automatiquement répétée. L'important est de garder une logique dans le déroulement du procès tout en faisant passer les acteurs d'un personnage à l'autre. Les participants restants sont appelés à la barre pour témoigner, mais ne participent pas à la rotation.

Remarque

Les rôles sont liés à la position des acteurs sur l'aire de jeu. Lorsqu'un acteur se déplace d'une chaise, il interprète le rôle du personnage correspondant à cette nouvelle place. Exemple : l'acteur qui jouait le juge se déplace vers la droite : il est maintenant l'accusé.

Fiche 44 — Le fait divers

Niveau : B1 et B2
Type : scénette parlée
Objectifs pédagogiques :
– témoigner ; faire valoir la véracité de ses propos
– compréhension écrite et capacité d'adaptation
Grammaire :
– l'opposition (*mais, pourtant, malgré, cependant*)
– imparfait, passé composé et plus-que-parfait
– adverbes de temps : *d'abord, ensuite, enfin / hier, tôt, tard*
– adverbes de lieu : *ici, là-bas, dedans, dehors*
Lexique :
– description de personnes et de situations.
– utilisation d'adjectifs qualificatifs et d'adverbes
– les styles journalistiques
Objectif personnel : exprimer des différences de point de vue
Durée par scénette : 2 minutes
Temps de préparation : 15 à 20 minutes
Participation : par groupe de 2
Lieu : en classe – espace scénique
Matériel : aucun
Support pédagogique : fiches cartonnées

Avant le jeu

• Séparer la classe en deux.
• Par groupe de deux, les apprenants écrivent la trame d'un fait divers, comprenant deux personnages, un lieu et une action. Ils échangent ensuite leur histoire avec un autre groupe. Ce dernier adapte l'histoire de deux manières différentes, en changeant des détails. À la fin, chaque groupe récupère son fait divers, mais sous forme de deux histoires distinctes qui seront utilisées pour jouer la scène.

Déroulement

A et B sont témoins d'un fait divers. Au moment de raconter ce qu'ils ont vu, leurs témoignages diffèrent. Les différences de point de vue provoquent une dispute.

Fiche 45 L'hallucination

Niveau : B1 et B2
Type : scénette parlée
Objectifs pédagogiques : témoigner et convaincre
Grammaire :
– l'imparfait, le passé composé et le plus-que-parfait
– les adverbes de temps : *d'abord, ensuite, enfin, hier, tôt, tard,* etc.
– les adverbes de lieu : *ici, là, dedans, dehors,* etc.
– la concession
– la comparaison : *un cheval qui parle* **comme** *un humain*
Lexique : formulations : *Je vous assure / jure / garantis ; Il faut me croire.*
Objectif personnel : convaincre par le jeu
Durée par scénette : 5 minutes
Temps de préparation : 5 minutes
Participation : par groupe de 2
Lieu : en classe – espace scénique
Matériel : un bureau et deux chaises
Support pédagogique : fiches cartonnées

Avant le jeu

- Demander aux apprenants d'écrire des situations extraordinaires sur une fiche.
- Les participants tirent au sort une fiche avant de jouer la scène.
- Accorder un temps de préparation de 5 minutes.

Déroulement

A se dit témoin d'un événement extraordinaire.
Par exemple, entendre les animaux parler.
B, un policier, prend sa déposition sans le croire.

Variante

Renforcer le caractère des personnages. Exemple : *le plaignant peut être ivre, fou, sénile,* etc.

NIVEAU INTERMÉDIAIRE B1 / B2

Objectif 2 : L'intégration au monde du travail

La recherche d'emploi

Fiche 46 La reconversion

Niveau : B1 et B2
Type : scénette parlée
Objectifs pédagogiques : parler de soi, de son métier et de ses ambitions professionnelles
Grammaire :
– le présent, l'imparfait et le conditionnel
– le vouvoiement
– la comparaison
Lexique :
– les qualités, le savoir-faire
– vocabulaire technique propre à chaque métier
Objectif personnel : capacité d'improvisation
Durée par scénette : 10 minutes maximum
Temps de préparation : 5 minutes
Participation : par groupe de 2
Lieu : en classe – espace scénique
Matériel : une table et deux chaises
Support pédagogique : fiches cartonnées

Avant le jeu

• Placer une table sur scène.
• Chaque apprenant écrit un nom de métier sur une fiche. Il la pose ensuite sur la table.

Déroulement

Deux apprenants vont jouer un rendez-vous d'embauche où il sera question de reconversion. Le candidat pioche au hasard une fiche : elle correspond à son ancien métier. Le directeur pioche à son tour un papier et le lit à voix haute : il indique la nature du poste à pourvoir. Le candidat parle de son ancien métier et des raisons de sa reconversion, tout en mettant en avant les atouts de son profil professionnel. Il essaie de mettre en évidence un lien logique de reconversion entre son ancien et son nouveau travail.

Remarque

Chaque représentation de métier étant théâtralisée, on peut se permettre de créer des stéréotypes afin de mieux définir les personnages.

Variante

La personne se rend compte au milieu du rendez-vous d'embauche qu'elle s'est trompée de bureau. Le poste qu'on lui propose est complètement différent de celui qu'elle cherchait.

NIVEAU INTERMÉDIAIRE B1/B2

Objectif 2 : L'intégration au monde du travail

L'expérience professionnelle

Fiche 47 La bonne paire

Niveau : A2 et B1
Type : jeu de découverte
Objectif pédagogique : les spécialités par profession
Lexique : les métiers ; les qualités et le savoir-faire pour chaque profession
Objectif personnel : rapidité de réflexion
Durée par scénette : 5 minutes
Temps de préparation : 15 minutes
Participation : toute la classe
Lieu : en classe – espace scénique ou espace de jeu
Matériel : aucun
Support pédagogique : fiches cartonnées ; chronomètre ou sablier

Avant le jeu

• Faire une liste des savoir-faire et des qualités associés à chaque métier. Exemple : *le sang-froid pour les médecins.*
• Séparer la classe en deux groupes.
• Écrire chaque nom de métier sur deux fiches différentes.
• Séparer les doubles et faire deux piles de fiches.
• Distribuer une pile à chaque groupe. Le métier écrit sur la carte doit rester secret.
• Un groupe se place en ligne sur l'aire de jeu, l'autre reste dans le public.

Déroulement

Les uns après les autres, les participants du premier groupe énoncent une qualité associée à leur métier. Exemple pour « le pilote » : *avoir une bonne vue*. Lorsque les apprenants du public reconnaissent le métier correspondant à leur carte, ils rejoignent leur « collègue » sur l'aire de jeu.

Variante

À un signal du professeur, les apprenants se rencontrent deux par deux et parlent de leur savoir-faire sans jamais prononcer le nom de leur métier. Le temps des rencontres est limité à 30 secondes. L'objectif est de trouver le plus rapidement possible « sa paire ».

Fiche 48 — Le curriculum

Niveau : B1 et B2
Type : scénette parlée
Objectif pédagogique : parler de ses expériences professionnelles
Grammaire :
– les temps du passé
– les superlatifs
– la comparaison
– l'expression de la cause (*parce que, grâce à*)
Lexique :
– les expériences et le savoir-faire
– les qualités et les défauts
– les goûts et la description psychologique
Objectif personnel : parler de soi ou de son personnage
Durée par scénette : 5 à 10 minutes
Temps de préparation : 10 minutes
Participation : par groupe de 2
Lieu : en classe – espace scénique
Matériel : une table et deux chaises
Support pédagogique : aucun

Avant le jeu

Définir la structure d'un curriculum.

Déroulement

Dans une agence de recherche d'emploi. Un apprenant interprète l'employé, l'autre un chômeur ou un jeune diplômé. L'employé pose des questions au demandeur d'emploi. Les réponses obtenues lui servent à rédiger au fur et à mesure son curriculum vitae.

Variantes

1) Le demandeur d'emploi est une célébrité.
2) La scène se déroule chez le conseiller d'orientation. Les apprenants mettent en relation leurs envies et leurs résultats scolaires.

Remarque

Les apprenants peuvent interpréter leur propre rôle pour aboutir à l'écriture de leur C.V.

Fiche 49 Retour vers le passé

Niveau : B2 et C2
Type : scénette parlée
Objectif pédagogique : se présenter à un rendez-vous d'embauche
Grammaire :
– le présent, l'imparfait et le conditionnel
– le vouvoiement
– les superlatifs
– la comparaison
– l'expression de la cause (*parce que, grâce à*)
Lexique :
– les expériences et le savoir-faire
– les qualités et les défauts
– les goûts et la description psychologique
– vocabulaire technique des métiers
Civilisation : contexte historique
Objectif personnel : interpréter un personnage du passé
Durée par scénette : 5 à 10 minutes
Participation : par groupe de 2
Lieu : en classe – espace scénique
Matériel : aucun
Support pédagogique : informations historiques

Avant le jeu

• Choisir une époque dans le passé.
• Prévoir une session pour définir le contexte de l'époque et ses grandes problématiques.

Déroulement

Deux apprenants jouent un rendez-vous d'embauche dans une époque du passé. Exemples : *pendant la Conquête de l'Ouest, à la cour de Louis XIV, au temps des Croisades, dans la Grèce antique* ou encore *en pleine ère préhistorique*. Le candidat au poste met en avant les atouts de son profil et de ses expériences en fonction du contexte de l'époque.

NIVEAU INTERMÉDIAIRE B1/B2

Objectif 3 : Comprendre et interpréter l'information des médias

Fiche 50 La télévision

Niveau : A2 et B2
Type : scénette parlée
Objectif pédagogique : jouer l'information des médias
Grammaire : formules introductives (*à présent, et maintenant, tout de suite*)
Lexique : météo, information, publicité, etc.
Interculturel : diversité des thématiques et des chaînes télévisées par pays
Objectif personnel : capacité d'imagination
Durée : 15 minutes
Temps de préparation : 5 minutes
Participation : 11 participants maximum
Lieu : en classe – espace de jeu
Matériel : aucun
Support pédagogique : des chaises

Avant le jeu

- Choisir le thème du jour qui sera repris par toutes les chaînes.
- Exemple : *les informations, la météo, la publicité, les téléfilms,* etc.
- Placer les chaises sur la scène, en une rangée faisant face au public.

Déroulement

Les apprenants s'assoient en ligne face au professeur. Ce dernier donne à chacun un numéro correspondant à leur chaîne de télévision. À l'annonce de son numéro, le participant concerné se lève et joue le programme de la chaîne. Il se rassoit en entendant le numéro suivant, car c'est au tour de son camarade de se lever. Si le numéro 53 est appelé, les apprenants répondant au numéro 5 et au numéro 3 se lèvent ensemble et improvisent immédiatement.

Remarque

Lorsque le professeur appelle une seconde fois un apprenant, on peut soit revenir au même programme en tenant compte du temps écoulé, soit changer systématiquement de contenu.

Variante

En choisissant une information ou une thématique précise, on peut travailler sur les différences de point de vue.

Fiche 51 Les différents points de vue

Niveau : B2 et C1
Type : scénette parlée
Objectif pédagogique : parler des médias
Grammaire :
– les pronoms relatifs (*qui, que, où, dont*)
– la cause et la conséquence
– l'opposition et la concession
– les articulateurs logiques
Lexique :
– vocabulaire des médias
– expressions d'opinion
– description et résumé d'une situation
Interculturel : multiple, en fonction du sujet traité
Objectif personnel : prendre parti
Durée par scénette : 5 minutes
Temps de préparation : 30 minutes
Participation : par groupe de 3
Lieu : en classe – espace scénique
Matériel : aucun
Support pédagogique : articles de presse

Avant le jeu

Au choix :
• Aborder des sujets d'actualité.
• Inventer des informations extraordinaires découvertes récemment.
À l'intérieur de chaque groupe, les trois participants traitent la même information. Chacun prépare à l'écrit une manière de la présenter. Exemples : avec emphase, en l'exagérant ou en l'atténuant, d'un point de vue objectif ou subjectif, de façon sommaire ou avec une abondance de détails.

Déroulement

Les apprenants interprètent, à tour de rôle, un présentateur de journal télévisé. Ils traitent tous la même information mais en la présentant d'une manière différente.

Après le jeu

Le public débat sur les façons de traiter le sujet et effectue des comparaisons entre les trois présentateurs.

NIVEAU INTERMÉDIAIRE B1/B2

Objectif 4 : Donner des conseils

Fiche 52 Au bout du monde

Niveau : B2
Type : scénette parlée
Objectif pédagogique : donner des conseils
Grammaire :
– *il faut que* + subjonctif
– les temps du futur
– la négation avec *pas, rien, jamais*
– les adverbes de temps et de lieu
– les verbes *falloir* et *devoir*
– l'impératif
Lexique :
– les études, les vacances ou le monde du travail
– vocabulaire du danger
Interculturel : les stéréotypes nationaux
Objectif personnel : imaginer une suite de situations
Durée par scénette : 5 minutes
Temps de préparation : 5 minutes
Participation : par groupe de 3
Lieu : en classe – espace scénique
Matériel : aucun
Support pédagogique : aucun

Avant le jeu

Définir la raison du départ :
- Pour les études
- Pour le travail
- Pour l'armée
- Pour les vacances ou pour faire une expédition

Déroulement

Par groupe de trois, les participants interprètent un adolescent et ses parents. Le jeune s'en va à l'autre bout du monde et ses parents lui donnent leurs derniers conseils.

Remarque

Pour dramatiser la situation, jouer sur les sentiments des parents : *peur, colère,* etc.

Fiche 53 La drague

Niveau : B1 et B2
Type : scénette parlée
Objectifs pédagogiques : draguer et donner des conseils
Grammaire :
– pour la drague : verbes d'action, formes interrogatives et exclamatives
– pour les conseils : superlatifs (*mieux, meilleur*), articulateurs du discours, expressions de l'opinion (*à mon avis, je pense que, je trouve que*), formulations : *il ne faut pas* + infinitif, *il faut que* + subjonctif
Lexique : thèmes de discussion variés, parler de soi
Interculturel : débat sur les différentes façons de « draguer », en fonction des cultures (pour les classes cosmopolites)
Objectifs personnels : le jeu de la séduction, lutter contre sa timidité
Durée par scénette : 2 à 5 minutes
Temps de préparation : 20 minutes
Participation : par groupe de 2
Lieu : en classe – espace scénique
Matériel : accessoires (exemples : miroir de poche, cravate, casquette, etc.)
Support pédagogique : un texte introductif (type forum ou étude sociologique)

Avant le jeu

- Aborder le sujet par un texte introductif.
- Définir avec la classe les différentes catégories de dragueurs et de dragueuses.
- Les écrire au tableau sur deux colonnes. Exemples :

DRAGUEURS	DRAGUEUSES
romantique	*femme fatale*
macho	*coquette*
frimeur	*romantique*
comique	*comique*
maladroit	*timide*

Déroulement

Deux par deux, les apprenants choisissent leur personnage dans la liste puis jouent la scène de drague.

Après le jeu

Les filles et les garçons échangent des conseils pour améliorer leur chance de réussite en matière de drague.

NIVEAU INTERMÉDIAIRE B1/B2

Objectif 5 : Débattre et défendre ses opinions

Fiche 54 Le débat télévisé

Niveau : B1 et B2
Type : scénette parlée
Objectifs pédagogiques : argumenter et défendre un point de vue
Grammaire :
– la cause, la conséquence
– le but, l'opposition et la condition
– la concession
Lexique :
– expressions pour donner son opinion (*d'après moi, à mon avis*)
– formulations : *d'une part ..., d'autre part, d'ailleurs*
– contredire : *je ne suis pas d'accord, je ne pense pas que*
– la synthèse
Objectif personnel : interpréter un personnage
Durée : 15 minutes
Temps de préparation : 30 minutes
Participation : de 3 à 7 participants
Lieu : en classe – espace scénique
Matériel : une table et des chaises
Support pédagogique : texte introducteur

Avant le jeu

• Le professeur propose un thème de débat qui peut être abordé à partir d'un texte. Exemple : *Peut-on trouver l'amour sur Internet ?*
• Chaque groupe écrit ses arguments.
• Les partisans du « pour » et ceux du « contre » se placent de chaque côté de la table.
• Chaque participant choisit un personnage en rapport avec la thématique, exemples : *un sociologue, un créateur de forum, des utilisateurs,* etc.

Déroulement

Un apprenant joue l'animateur du débat télévisé. Il introduit le sujet, donne équitablement la parole à ses invités et fait la synthèse pour conclure le jeu. Les autres participants interprètent les invités. Pour rendre le débat plus interactif, l'animateur organise une session « coups de téléphone » pendant laquelle le public est invité à poser des questions. Les apprenants hors plateau peuvent alors réagir et participer au débat.

Fiche 55 La querelle

Niveau : B2
Type : scénette parlée
Objectifs pédagogiques : contredire et exprimer son désaccord
Grammaire :
– la négation
– les adverbes : *tout à fait, parfaitement, pas du tout*
– la cause et la conséquence.
Lexique : la contradiction : *je ne suis pas d'accord, je ne pense pas que*
Objectif personnel : crescendo dans la colère ou l'énervement
Durée par scénette : 5 à 10 minutes
Temps de préparation : 5 minutes
Participation : par groupe de 2
Lieu : en classe – espace scénique
Matériel : aucun
Support pédagogique : aucun

Avant le jeu

• Définir les personnages et le lien qui les unit. Exemples : *deux amis, un parent et un enfant,* etc.
• Définir la cause du désaccord ou la problématique.

Déroulement

Les apprenants interprètent deux personnages qui sont en désaccord sur un sujet polémique. La conversation s'envenime de plus en plus, au point que les personnages poussent leur discours à la limite de l'incohérence. Trouver ce point limite qui correspond au moment où l'on n'est plus en accord avec ses propres propos.

NIVEAU AVANCÉ C1/C2

Objectif : Convaincre

Fiche 56 L'expert

Niveau : C1 et C2
Type : scénette parlée
Objectifs pédagogiques : argumenter et convaincre
Grammaire : – la cause, la conséquence et la condition
– adverbes : *tout à fait, parfaitement, pas du tout*
Lexique : les articulateurs logiques : *tout d'abord, ensuite, enfin, après*
Interculturel : les stéréotypes
Objectifs personnels : avoir de la présence et de l'assurance
Durée par scénette : 5 à 10 minutes
Participation : individuelle
Lieu : en classe – espace scénique
Matériel : une cravate ou un attaché-case (facultatif)
Support pédagogique : aucun

Déroulement

Pendant une conférence ; un apprenant interprète un éminent spécialiste qui parle d'un sujet qu'il ne maîtrise pas. Les autres participants lui posent des questions auxquelles il devra répondre avec la plus grande aisance possible. L'apprenant doit convaincre son auditoire grâce à son éloquence, ses intonations et son expression corporelle. L'improvisation se joue debout. Le sujet à traiter est choisi par la classe ou le professeur. Aucun temps de préparation n'est autorisé. Les sujets peuvent être réels, exemple : *La vie des pingouins au Pôle nord* ou imaginaires, exemple : *Une innovation technologique*.

Variante

Quand les apprenants viennent de pays différents, il est intéressant d'aborder le thème des stéréotypes culturels. Chaque apprenant interprète alors un spécialiste (sociologue ou envoyé spécial) d'un pays qui n'est pas le sien.
Pendant le jeu, les personnes du pays concerné prennent des notes afin de séparer le vrai du faux. À la fin de la scénette, elles confirment ou démentent les propos du « spécialiste ».

Remarque

On insistera ici sur l'importance de l'expression non verbale. Attention aux pièges : mains dans les poches, gestes parasites, piétinements sur place, etc.

Fiche 57 La campagne présidentielle

Niveau : C1 et C2
Type : scénette parlée
Objectifs pédagogiques : convaincre et argumenter
Grammaire :
– futur et conditionnel
– la cause et la conséquence
– le but, l'opposition, la concession et la condition
Lexique :
– les articulateurs logiques : *tout d'abord, ensuite, enfin, après*
– formulations : *d'une part..., d'autre part, d'ailleurs*
– la synthèse
Objectifs personnels : interprétation d'un personnage ; clarté de l'expression corporelle et de l'élocution
Durée par scénette : 10 minutes
Temps de préparation : 60 à 90 minutes
Participation : par groupe de 2 ou 3
Lieu : en classe
Matériel : aucun
Support pédagogique : fiches cartonnées pour le vote

Avant le jeu

• Inventer un pays inconnu.
• Le dessiner au tableau.
• Choisir le nom du pays, de sa capitale et de ses habitants.
• Définir ensemble sa situation actuelle et ses problèmes dans les domaines suivants : économie, culture, travail, santé, etc.
• Par groupe de 2 ou 3, inventer un parti politique et son logo puis présenter par écrit un programme afin de proposer des solutions concrètes.

Déroulement

Chaque groupe présente son programme à l'aide d'un discours. Les autres participants prennent des notes afin de poser des questions aux candidats.

Après le jeu

Les participants effectuent un vote secret afin d'élire un parti. En cas d'égalité, on organise un débat pour départager les candidats sur un thème choisi par le public. On procède alors au deuxième tour.

Fiche 58 La chaise convoitée

Niveau : C1
Type : scénette parlée
Objectif pédagogique : convaincre
Grammaire :
– la condition
Exemple : *Si tu me laisses la place, je t'offrirai...*
– la forme impérative.
Exemple : *Maintenant, laisse-moi la place !*
Lexique : recherche de formule de politesse :
Exemple : *Chère madame, auriez-vous la gentillesse de me prêter cette chaise ?*
Objectifs personnels : répartie et capacité d'improvisation
Durée par scénette : 5 minutes maximum
Participation : par groupe de 2
Lieu : en classe
Matériel : une chaise
Support pédagogique : aucun

Avant le jeu

Inventer les personnages et le lieu de l'action.

Déroulement

A est assis sur une chaise. B cherche à le convaincre de lui laisser sa place. Aucun contact physique n'est autorisé. Après plusieurs tentatives de persuasion, B réussit à prendre la place de A. Les expressions verbales et le type de langage varient en fonction des personnages interprétés.

Après le jeu

Discussion de groupe autour des jeux de persuasion utilisés.

Remarque

Il est important d'expliquer aux participants le concept de « chute », c'est-à-dire du dénouement de la scène. Improviser, c'est construire un scénario à plusieurs sans préparation préalable. Pour aboutir à un échange intéressant un effort d'écoute est nécessaire. La personne assise doit aider implicitement son partenaire pour arriver à trouver ensemble une chute convaincante.

Fiche 59 — Le projet

Niveau : B2 et C1
Type : scénette parlée
Objectifs pédagogiques : formuler et répondre à une proposition
Grammaire :
– faire des propositions au conditionnel avec « si ».
– les temps du futur
Lexique :
– formulation de promesses
– les adjectifs et les adverbes
Objectif personnel : interpréter un personnage
Durée par scénette : 5 minutes
Participation : par groupe de 2
Lieu : en classe – espace scénique
Matériel : aucun
Support pédagogique : aucun

Avant le jeu

Définir les couples de personnages A et B. Exemples : *un cancre et le premier de la classe / un réalisateur et une star de cinéma / un entraîneur et un footballeur de l'équipe de France.*

Déroulement

A veut convaincre B de travailler pour lui ou de s'associer à un projet. B tergiverse avant de donner une réponse ; il désire que A insiste davantage.

Fiche 60 L'amende

Niveau : C1 et C2
Type : scénette parlée
Objectifs pédagogiques : s'expliquer et convaincre
Grammaire :
– les temps du passé
– la concordance des temps
Vocabulaire :
– formules de politesse (*s'il vous plaît, je vous en prie, je vous en supplie*)
– formuler des excuses
Objectif personnel : clarté des propos
Durée par scénette : 5 minutes
Temps de préparation : 2 minutes
Participation : par groupe de 2
Lieu : en classe – espace scénique
Matériel : un bloc-notes et une casquette pour le policier (facultatif)
Support pédagogique : aucun

Avant le jeu

Choisir une infraction.
Exemples : *Avoir mal garé sa voiture.*
Avoir grillé un feu rouge.
Téléphoner au volant.
Conduire en état d'ébriété.

Déroulement

Deux apprenants interprètent respectivement un automobiliste et un policier. Le policier arrête l'automobiliste pour avoir commis une infraction. Ce dernier s'explique et cherche à amadouer le policier pour éviter l'amende.

II. Le projet théâtral

Première partie

Approche théorique et méthodologique

Chapitre 1 Avantages du projet théâtral en langue étrangère

Créer un projet théâtral, c'est avant tout proposer un espace d'échange et de découverte autour du théâtre et de la langue étrangère. Nous encourageons les professeurs à mettre en place cette activité et à vivre cette expérience enrichissante, tout en rappelant la forte implication qu'elle exige.

L'objectif final est de mettre en scène une pièce de théâtre en français et de la représenter devant un public. Pour que le projet fonctionne, il doit naître d'une volonté partagée, doublée d'un désir de découverte. L'enseignant peut concevoir ce projet comme le prolongement des activités proposées dans la première partie de cet ouvrage, ou comme un projet à part entière.

UN MODE D'EXPRESSION PRIVILÉGIÉ

Le projet théâtral est une véritable source de communication à plusieurs niveaux.

Échanges et débats en français

Les discussions et moments d'écoute sont fondamentaux dans les travaux d'atelier. Le rôle de l'animateur est de guider la communication en français au sein du groupe. Après chaque exercice ou improvisation, les participants sont invités à s'exprimer sur ce qu'ils ont vu ou vécu. Ces moments privilégiés d'écoute sont très importants pour que chacun puisse échanger ses idées, exercer son imagination, ou exprimer ses doutes en relation avec la langue étrangère.

L'entraide entre participants

La cohésion de groupe se crée rapidement dans l'atelier grâce aux jeux de dynamisation, aux improvisations et à l'atmosphère ludique que génère l'activité. L'atelier théâtre est un espace et un moment dédié à l'interaction et à la créativité. Lorsque les notions d'écoute, de partage et de confiance sont établies, les apprenants s'entraident alors naturellement.

L'improvisation illustre clairement ce phénomène d'entraide. Tout d'abord, les apprenants s'encouragent à participer. Pendant l'improvisation, un effort d'écoute et de compréhension de l'autre est nécessaire pour faire avancer l'histoire dans un même sens. Quand ils réalisent que l'improvisation leur appartient, les apprenants dépassent leurs difficultés de langage et se mettent réellement à jouer. Enfin, une fois la scénette terminée, nous encourageons les apprenants à faire des commentaires sur le jeu et à se donner des conseils.

Au début des répétitions, chacun se concentre sur l'apprentissage de son texte et l'interprétation de son personnage. Au fur et à mesure le puzzle prend forme et les apprenants perçoivent la pièce dans son ensemble. Si cette dernière leur plaît, ils s'uniront pour mener à bien le projet en déployant une capacité d'entraide importante.

Découverte de la littérature française et francophone

Le projet de mise en scène offre la possibilité d'aborder la littérature théâtrale francophone sous un angle nouveau. Au moment de choisir la pièce, nous abordons les différents genres théâtraux à travers une séance de visionnage vidéo. Lors des séances suivantes, les apprenants interprètent de courtes scènes provenant de ces différents genres afin d'effectuer un choix.

Rappelons qu'il est primordial que le texte corresponde au niveau des apprenants. Le théâtre en langue étrangère doit être clair et visuel pour rester intelligible. Il n'est pas exclu de jouer du Molière mais, pour cela, il faudra adapter la structure de la pièce et le niveau langagier en fontion du niveau de compréhension des apprenants.[1]

1. Voir les collections *Mise en scène* et *Découverte* chez CLE International

Cette phase de recherche est une excellente occasion pour travailler sur les notions d'interculturalité ou de francophonie. On demande aux apprenants de réaliser des recherches thématiques sur Internet ou sur tout autre support. Ce travail peut aboutir à une création collective si l'on décide de compiler divers documents. Correspondances, témoignages, articles de presse sont des supports d'une grande utilité pour la création d'une pièce de théâtre.

Sources de motivation des apprenants

Parler en français tout en s'amusant

Prendre plaisir à s'exprimer en français reste la source de motivation principale des apprenants, qu'ils soient ou non passionnés de théâtre. L'atelier est à la fois un lieu privilégié d'expression en langue étrangère et d'initiation théâtrale.

Jouer une pièce de théâtre

S'inscrire dans un projet théâtral, c'est également se donner un objectif. La représentation devient la finalité, voire la récompense, du travail d'atelier. C'est un moteur très puissant de motivation. Jouer en français devant un public confronte les participants à une pression constructive. Le mois qui précède la représentation est toujours le plus intense. On constate alors que les apprenants décuplent leurs efforts et s'investissent davantage.

Lorsque la représentation est perçue comme un objectif commun, elle provoque au sein du groupe un phénomène intéressant. L'atelier se transforme en troupe de théâtre. Chaque participant devient une pièce fondamentale de l'équipe. Chacun a son rôle à jouer pour le bon déroulement de la pièce. Le moment le plus fort pour les apprenants est, sans nul doute, celui où ils passent du statut d'élève à celui de comédien. La représentation soude cette nouvelle relation grâce à tout ce qui a été partagé sur scène. La fierté d'être allés jusqu'au bout et d'avoir réussi encourage les apprenants à continuer dans ce sens. En plus de la réussite dans les études, je pense que l'on doit permettre aux apprenants de vivre des victoires intenses, comme celle d'un public qui applaudit à tout rompre. Les applaudissements du public offrent plus que de la joie, ils apportent une grande satisfaction, ce qui peut redonner de l'estime de soi aux élèves en difficulté scolaire.

Participer à un Festival de Théâtre Francophone

Il existe dans le monde de nombreux festivals de théâtre qui s'adressent aux apprenants de français langue étrangère. Ils permettent un réel échange culturel et artistique et donnent aux apprenants la possibilité de pratiquer des stages de spécialisation théâtrale et de communiquer en français avec des personnes partageant les mêmes centres d'intérêts. Ce type de rencontre est toujours fort appréciée par les apprenants. Faites attention, cependant, à ce que leur motivation ne réside pas uniquement dans le voyage ! La pratique du français et du théâtre doit rester leur motivation principale. Nous conseillons d'effectuer la première représentation dans le cadre de l'établissement et de proposer ensuite une participation à un festival.

La liste des festivals du réseau mondial *Artdrala* est disponible sur le site : http://www.roeland.be/fr/artscene_artdrala/

Chapitre 2 Méthodologie du projet

DÉFINIR SON PUBLIC

Un atelier pour qui ?

La première étape consiste à bien choisir et connaître son public. L'âge et le niveau de français des apprenants sont à prendre en considération afin de définir ses objectifs. Nous présentons dans ce livre des activités adaptées aux trois niveaux de langue :

– Débutant : équivalent A1 et A2
– Intermédiaire : équivalent B1
– Avancé : équivalent B2, C1 et C2

Atelier pour un niveau débutant

Objectif théâtral : pour un groupe de débutants, nous conseillons de mettre en scène une pièce courte (entre 10 et 15 minutes) et très visuelle. Nous mettons en avant l'expression corporelle et les jeux qui comportent peu de dialogues.

Objectif pédagogique : assimilation du lexique à travers des jeux de dynamisation. Travail sur la diction et la compréhension du texte. La pièce doit comporter des dialogues courts et faciles à prononcer. Une adaptation du texte est souvent nécessaire.

Atelier pour un niveau intermédiaire

Objectif théâtral : mise en scène d'une pièce de 20 à 30 minutes maximum. Possibilité de réaliser une création collective. Travail sur les improvisations thématiques ou guidées.

Objectif pédagogique : mettre en pratique ses connaissances en français. Travail sur la syntaxe, la fluidité de l'expression et le sens de la répartie à travers les improvisations. Donner son avis sur le jeu des autres élèves et faire des propositions de mise en scène. Capacité de rédaction de courts dialogues dans le cas d'une création.

Atelier pour un niveau avancé

Objectif théâtral : réaliser une création collective ou une pièce d'auteur de 30 minutes ou plus. Travail approfondi sur les nuances de l'interprétation. Improvisations libres sur des thématiques variées.

Objectif pédagogique : découverte de différents styles littéraires à travers des pièces d'auteur. Clarté du discours, capacité d'argumentation et fluidité du langage.

Le choix de l'intra ou de l'extrascolaire

Nous conseillons de réaliser l'atelier de manière extrascolaire, c'est-à-dire dans un horaire choisi en dehors des cours. Les apprenants sont davantage motivés car volontaires et le professeur s'adaptera plus facilement à son rôle d'animateur s'il sort de la classe. On informe les apprenants grâce à un communiqué indiquant l'objectif de l'atelier, sa durée, sa fréquence, le lieu où il se déroule et éventuellement son prix. Pour motiver les apprenants, rien ne vaut un atelier de démonstration car le théâtre se vit plus qu'il ne s'explique.

L'activité peut également se dérouler en intrascolaire. Dans ce cas, deux problèmes sont à résoudre :

1) *Celui du temps par rapport au programme scolaire*. La réalisation d'un projet théâtral demande d'y consacrer beaucoup de temps et l'enseignant n'en a pas toujours à sa disposition. Cependant l'activité peut s'associer au travail d'oral. La représentation peut d'ailleurs donner lieu à une note ou à une appréciation. Cette dernière ne doit pas être la principale source de motivation des apprenants.

2) *Avoir dans sa classe certains élèves qui n'ont pas envie de faire du théâtre.* Il arrive que la classe entière soit enthousiasmée par le projet théâtre. Mais, la plupart du temps, certains apprenants ne désirent pas jouer car ils ne veulent pas se mettre en avant ni montrer leurs sentiments face au reste du groupe. Cette décision est à respecter. **On ne peut pas forcer un élève à faire du théâtre.** Ces apprenants peuvent prendre un rôle d'organisateur ou de technicien, rôles dont nous parlerons de façon détaillée dans le chapitre *La mise en scène*.

Le nombre de participants

Dans le cas d'un atelier intrascolaire, l'animateur doit s'adapter au nombre d'apprenants de sa classe. Dans le cadre d'un atelier extrascolaire, le nombre idéal se situe entre 8 et 15 apprenants. Au-delà, la tâche devient difficile pour l'animateur et le taux de participation de chaque participant est limité. En-deçà, le risque de désistements peut compromettre la réalisation de la pièce par rapport au nombre de personnages à interpréter.

La durée et la fréquence de l'atelier

La fréquence de l'atelier s'établit en fonction de l'emploi du temps de l'animateur et des participants. Pour les enfants de la maternelle jusqu'au primaire, il est conseillé d'animer des ateliers d'une heure, une à deux fois par semaine, afin de mieux retenir leur attention. Pour les groupes du collège et du lycée, un atelier de deux ou trois heures hebdomadaires est réalisable.

La durée de l'atelier dépend également du programme d'enseignement. L'idéal est de réaliser l'activité sur une année scolaire pour une meilleure préparation au jeu d'acteur et à la mise en scène. L'animateur est cependant souvent limité par le temps. Notons qu'un minimum de trois mois est nécessaire pour réaliser une pièce de 10 à 15 minutes, avec une fréquence de deux heures hebdomadaires.

Il vaut mieux prévoir quatre à cinq séances supplémentaires les semaines précédant la représentation. Cela permet de réaliser des filages, c'est-à-dire de jouer la pièce en entier plusieurs fois de suite. Pour les groupes adultes, partir un week-end dans la nature est très positif pour souder le groupe et relâcher la pression.

Questions financières

La création d'un atelier théâtre génère très peu de frais. Chaque participant s'occupe de son costume : il peut l' acheter ou le fabriquer lui-même. On peut très souvent faire confiance au génie créateur des parents ! Le chef décorateur du groupe est chargé de trouver les accessoires et les décors.

Le budget de l'atelier est à prévoir avant le début de l'activité. Il peut être pris en charge par l'établissement, l'association des parents d'élèves ou encore par les participants.

Questions techniques

Un atelier théâtre demande peu de matériel. Pour certains exercices, il faut avoir à sa disposition un lecteur de CD. Des instruments de musique (cymbales, tambourin ou autres instruments à percussion) permettent de travailler le rythme ou de donner un signal. L'utilisation d'une corde peut s'avérer utile pour délimiter la scène ou pour créer des espaces. Si nous disposons de tapis de gymnastique, nous les utiliserons pour les exercices de relaxation ou pour créer un espace public. La salle n'a pas besoin d'être équipée de projecteurs. Comme nous le verrons plus loin, les répétitions lumière et son s'effectuent lors de la *répétition technique* (cf. chapitre *Organisation du spectacle*).

Lieu de répétition

Si l'établissement met à notre disposition une salle polyvalente ou un amphithéâtre, c'est évidemment l'idéal. Dans le cas contraire, une grande salle de classe fait l'affaire à condition de la transformer un tant soit peu. L'important est de créer une atmosphère de travail différente, afin que les participants sortent de leur quotidien et quittent pour un moment leur rôle d'apprenant. Par exemple, ils peuvent enlever leurs chaussures lorsqu'ils commencent l'atelier.

Création de l'espace scénique

Quelle que soit la salle de répétition, il convient de créer un espace scénique et un espace pour le public et les discussions. Si l'on ne dispose pas d'estrade, on délimite la scène à la craie ou en plaçant des objets aux quatre coins. L'espace public est composé de rangées de chaises ou de tapis de sol.

Traditionnellement la scène comprend deux entrées :

– À gauche, vue du public : *côté jardin*

– À droite, vue du public : *côté cour*

Ces termes nous viennent de la Révolution Française ; en effet, comme on ne pouvait plus parler de la loge du roi ou de celle de la reine pour indiquer la gauche et la droite, les techniciens du Théâtre des Tuileries ont pris pour repères ce qui les entourait, à savoir : le jardin des Tuileries à leur gauche et la cour du Carrousel à leur droite.

Les entrées et sorties sont matérialisées à la craie, avec des chaises ou un paravent. Il est important que les apprenants différencient les deux espaces du théâtre : la scène et le public. La scène est un endroit magique où l'on interprète des personnages, mais lorsque l'on retourne dans le public, on redevient un spectateur avec toutes les qualités que cela requiert.

Le jeu d'acteur en atelier théâtre

Le risque est de « se lancer » trop rapidement dans la mise en scène et dans le travail autour du texte. Pour que la pièce ait un résultat harmonieux, le groupe doit avoir l'habitude de jouer ensemble, c'est pourquoi le travail sur le jeu d'acteur est une étape indispensable au projet. L'objectif n'est pas tant de transformer l'apprenant en comédien, mais plutôt de lui offrir la possibilité d'évoluer et de progresser théâtralement avec le groupe. Les fiches pratiques de cette deuxième partie contiennent des jeux de dynamisation ainsi que des exercices sur le corps, la voix, la capacité d'improvisation et l'interprétation des émotions. Ces exercices sont à utiliser dès le début de l'activité et cèderont progressivement la place au travail de mise en scène.

TRAVAIL AUTOUR DU TEXTE

Où rechercher les textes ?

Sur Internet

Il existe de nombreux sites proposant des textes de théâtre à télécharger pour professionnels et amateurs. Voici deux sites incontournables :

www.leproscenium.com
Gigantesque base de données de textes, il offre une recherche de pièces par thématique, genre, auteur, durée, niveau de français, âge et prend en compte le nombre de rôles masculins et féminins.

www.dramaction.qc.ca
Ce site comprend de nombreuses pièces à télécharger mais il se différencie des autres par ses exercices en ligne et son forum regroupant un grand nombre de professeurs de théâtre dans le monde.

Remarque : il est obligatoire de contacter l'auteur ou la S.A.C.D. (Société des Auteurs et Compositeurs Dramatiques) pour obtenir les droits pour jouer la pièce, même pour les représentations amateurs ou à but éducatif.

Dans les librairies spécialisées

Les librairies théâtrales ont l'avantage de pouvoir vous conseiller sur les pièces en fonction de vos objectifs. Vous y trouverez tous les genres et pour tous les goûts.

Le choix de la pièce

La première approche de la pièce se réalise en classe et consiste à se familiariser avec les différents genres théâtraux. On peut les séparer en plusieurs catégories : *comédie, policier, vaudeville, drame, absurde, pièce d'époque*, etc. Les apprenants sont invités à présenter leurs recherches sous forme d'exposé.

La deuxième approche se réalise pendant l'atelier. Les apprenants jouent une scène en choisissant un lieu, un objet et un genre théâtral. On leur demandera au préalable d'apporter un objet.

Exemple : *Genre :* drame – *Objet :* un peigne – *Lieu :* un château

Remarque : pour le niveau débutant, on permet aux apprenants de jouer la scène sans paroles ou en bilingue.

Les envies partagées

Des apprenants

Pour qu'une pièce soit une réussite, le plus important c'est qu'elle soit jouée avec plaisir. Le niveau de maturité et l'âge des participants sont bien sûr à prendre en considération. Il est extrêmement difficile de répondre aux envies de chacun. Faire circuler un questionnaire permet de mieux cibler les attentes.

Le choix de la pièce est un moment déterminant pour le projet. Elle doit répondre aux goûts des participants afin de susciter leur intérêt et leur engagement dans le projet. Il arrive cependant que le groupe n'arrive pas à se mettre d'accord. On effectue alors un vote. S'ils refusent les propositions de l'animateur, on établit une règle. Pour ma part, je fonctionne comme les « photomatons » : si les deux premières propositions ne leur conviennent pas, je garde la troisième.

De l'animateur

Faire attention à ne pas s'oublier dans ce projet, car le travail de mise en scène demande un lourd investissement. Par conséquent, mieux vaut travailler un texte ou un sujet qui nous tienne à cœur. Au moment de choisir la pièce, le travail consiste à visualiser chaque scène en laissant aller son imagination.

Les attentes du public

Le public du théâtre FLE est composé, dans sa majorité, de professeurs et d'apprenants de français, d'amis et des familles des participants. Au moment de choisir la pièce, il faut se poser les questions suivantes :

– La pièce est-elle adaptée au niveau de langue du public ?

Face à un public qui n'est pas toujours francophone, il est important que la pièce soit intelligible pour tous. Pour cela, l'histoire doit avoir une trame simple et les personnages doivent être clairement identifiables. De cette problématique, découle une esthétique propre au théâtre joué en langue étrangère : le texte est souvent épuré et l'expression corporelle occupe une place prépondérante. Ainsi, les jeux de mots et autres subtilités de langage sont à éviter pour faciliter la compréhension du public.

– *Quelles sont les attentes pédagogiques de l'établissement ?*

La représentation est le résultat visible du travail d'atelier. C'est pourquoi l'objectif pédagogique est à définir dès le début du projet à travers le choix de la pièce. Une bonne élocution de la part des apprenants constitue une des attentes principales de l'établissement. Il est vivement conseillé aux animateurs travaillant dans un atelier extrascolaire de solliciter l'aide d'un professeur de français. Cette collaboration permet un double échange. Pour le professeur, c'est l'occasion de travailler sur un projet fédérateur. Quant à l'animateur, il obtiendra un soutien non négligeable de la part du professeur pour aider à la compréhension du texte et à la prononciation.

Les critères importants pour le choix de la pièce

– *Correspondre au niveau de langue des apprenants.* Un travail d'adaptation ou de coupure du texte est souvent à réaliser. Pour les groupes débutants, un vocabulaire trop riche, les monologues et les jeux de mots sont à éviter.

– *Être d'une durée en relation avec l'objectif à atteindre.* Mieux vaut une pièce d'un quart d'heure bien construite qu'une pièce d'une heure mal agencée ! Nous rappelons que la durée de la pièce varie en fonction du niveau de français.

– *Permettre une mise en scène réalisable.* Dès le début, il faut évaluer les difficultés pratiques de la pièce, telles que l'ampleur des décors, les costumes ou les moyens techniques. Personnellement, j'estime que les didascalies sont un guide utile mais qu'elles ne doivent pas être prises au pied de la lettre. Dans le cadre du théâtre scolaire, nous n'avons pas toujours les moyens de suivre les indications des auteurs et nous ne disposons pas non plus du budget de la Comédie Française ! Mais cette non application des didascalies invite à une part de créativité, nécessaire pour imaginer la mise en scène. Pour les plus inventifs, la difficulté consiste à écouter sa créativité sans se perdre dans les abîmes de son imagination. Dans tous les cas, il s'agit de construire mentalement une représentation visuelle de la pièce afin d'effectuer le passage du texte à la scène.

– *Contenir un nombre de rôles modulables et équilibrés.* Les pièces où le rôle principal est trop prépondérant nuisent à l'équilibre du groupe. En effet, cela revient à propulser un apprenant dans le rôle de l'élève-star et à lui imposer une somme de travail trop importante. Attention également au nombre de rôles masculins et féminins non modulables présents dans la pièce.

La distribution

En général, on a tendance à chercher la pièce dont le nombre de rôles correspond au nombre exact de participants. Cependant, adapter la pièce aux besoins du groupe permet de créer des possibilités de jeu intéressantes. Par exemple, une pièce qui ne comporte que deux personnages peut être jouée par plusieurs duos d'acteurs.

S'adapter au nombre de rôles

◗ Cas n° 1 : Trop de rôles par rapport au nombre d'acteurs

Dans ce cas, certains apprenants peuvent jouer deux rôles, à condition que leurs apparitions soient suffisamment éloignées pour qu'ils aient le temps de se changer. Veillez à ce que deux personnages joués par le même acteur n'aient pas de scène commune. Il est également possible d'éliminer certains rôles en effectuant des coupures dans le texte. Au cas où les adaptations changeraient le sens de l'histoire, il est important de prévenir l'auteur. Ce sera d'ailleurs la personne la plus à même d'aider dans ce domaine.

◗ Cas n° 2 : Trop d'acteurs par rapport au nombre de rôles

Vous pouvez avoir recours à ces différents jeux de scène :

– **L'homme à deux têtes :** on partage un rôle entre deux acteurs en créant un personnage à deux têtes. Quand l'un commence la phrase, l'autre la finit. Cette technique permet également de jouer sur le dédoublement de la personnalité.

– **Les bras de l'autre** (Fiche n° 78)

– **Le doublage** (Fiche n° 80)

◗ Cas n° 3 : Un personnage principal trop important

– Retirer du texte au personnage principal.

– Couper le rôle en deux ou plus : le personnage est interprété par un premier acteur qui sera remplacé, à un moment donné. Dans ce cas, une transition claire s'impose. Par exemple, les comédiens s'échangent leur costume devant le public. Cela peut se faire à travers une chorégraphie.

– Créer de nouveaux rôles. On peut imaginer des frères ou des amis du personnage principal qui partageront son texte.

Première approche de la pièce

◗ Susciter l'intérêt des participants

Dans un premier temps, l'important est de capter l'attention des apprenants pour leur donner envie d'en savoir davantage. L'animateur expose les grands traits de l'histoire, en essayant de décrire les personnages et leurs actions dans le récit. Le travail sur la compréhension du texte est réalisable en classe. En atelier, on évite de procéder à des lectures massives afin que les apprenants puissent greffer leur propre imaginaire.

Improviser sur l'histoire

Une fois l'histoire bien assimilée, on demande aux apprenants de reproduire certaines scènes en improvisation. En fonction de leur niveau de langue, on proposera un jeu parlé ou non verbal. Retranscrire le texte en actions corporelles permet à l'apprenant de s'approprier la pièce à travers son interprétation. Pour ce type d'exercice, j'autorise les apprenants débutant en français à jouer en langue maternelle. C'est durant ces improvisations que l'on obtient leur plus grande part de créativité par rapport à la pièce. Il est intéressant de retenir les bonnes propositions même s'il faut ensuite adapter le texte en conséquence.

Le casting

Dans la mise en place de ces improvisations sur la pièce, le groupe d'apprenants s'auto-organise pour la distribution des rôles. Bien sûr, certains personnages sont plus prisés que d'autres. On demande alors aux participants de choisir par ordre de préférence les personnages qu'ils désirent le plus interpréter.

Arrive alors l'étape tant espérée du casting. Après une courte préparation, chaque participant présente à tour de rôle son personnage à travers une improvisation. Il sera aidé par des volontaires pour la réplique. Une fois que tous les candidats au personnage sont passés, le groupe effectue un vote. Les critères sont davantage l'implication de l'élève-acteur dans sa proposition de personnage qu'un jugement sur son jeu. Le casting est à réaliser de la manière la plus ludique possible afin d'éviter d'éventuelles tensions et vexations. Il est intéressant de filmer ces séances. Cela permet à l'animateur de choisir les rôles avec du recul et de proposer un visionnage au groupe. Si les participants n'arrivent pas à se mettre d'accord, c'est à l'animateur de décider.

Carte d'identité des personnages

La qualité d'interprétation dépend de la capacité des apprenants à comprendre et à ressentir leur personnage. Pour que cette rencontre existe vraiment, il est important de donner vie au personnage. On commence par définir son présent et son passé, puis on réalise sa « carte d'identité ». Au-delà de l'intérêt pédagogique de la description physique et psychologique, cet exercice permet à l'apprenant un réel contact avec son personnage.

Une fois ce travail réalisé, on demande à chacun d'improviser une scène où son personnage est placé dans un contexte différent : *Que ferait mon personnage dans la queue d'un supermarché, en attendant le bus, en tête-à-tête avec*

Miss Monde ? À la fin de cette séance, l'apprenant connaît son personnage comme un ami intime qui le suivra tout au long de l'année.

Exemple de Carte d'identité

CARTE D'IDENTITÉ
DU PERSONNAGE

Dessine ici ton personnage

Nom : ....

Prénom : ....

Âge : ....

Rôle dans la pièce : ....

Description physique : ....

....

....

Description du catactère : ....

....

....

Mon personnage adore : ....

Il déteste : ....

L'apprentissage du texte

Ah ! La panique de l'élève face au texte à apprendre ! Et en français en plus, avec toutes les difficultés phonétiques que cela implique ! L'objectif premier de l'animateur est d'aider les apprenants à ne pas céder au découragement. Son action est de donner aux apprenants des objectifs raisonnables et les outils nécessaires pour les atteindre. Dès le début de l'activité, l'apprenant entraîne sa mémoire à travers les jeux de dynamisation ; il est donc habitué à exercer cette gymnastique mentale, devenue indispensable pour l'apprentissage du texte. Les comédiens ont tous leurs techniques, dont voici quelques exemples :

– *Couper les répliques en plusieurs parties* (au niveau des respirations) et les apprendre en les additionnant, regroupant ainsi phrase par phrase, paragraphe par paragraphe.

– *Chanter le texte en variant les styles.* Chanter son texte en opéra permet de penser tout en allongeant les syllabes. Lorsqu'on est capable de chanter son texte en rap accéléré, c'est qu'on le sait sur le bout des doigts !

– *Marcher ou faire une autre activité.* Je demande souvent aux comédiens de ma compagnie de répéter le texte en jouant au billard. Se concentrer sur autre chose permet de relâcher la tension face au texte. La simple action de marcher procure le même résultat.

– *Écouter régulièrement le texte enregistré.* Cette technique est très performante mais elle demande un travail supplémentaire à l'animateur. La première étape consiste à enregistrer le texte de la pièce et à le distribuer aux participants. Il est vivement conseillé de faire enregistrer le texte par des français natifs. L'élève obtient ainsi un modèle de diction auquel il peut se rattacher. Cette technique d'enregistrement est un outil très efficace pour l'apprentissage global de la pièce car au théâtre, il ne suffit pas de connaître ses propres répliques mais également celles de ses camarades.

La seconde étape consiste à créer un texte à trous sonore. L'apprenant peut ainsi dire son texte sur le silence enregistré et entendre les répliques des autres personnages. Chacun, où qu'il soit, peut alors écouter et pratiquer son texte sur un dispositif audio portable, autoradio ou chaîne hi-fi.

Vous pouvez enregistrer et réaliser ce montage audio grâce au logiciel libre *Audacity*, téléchargeable gratuitement sur Internet.

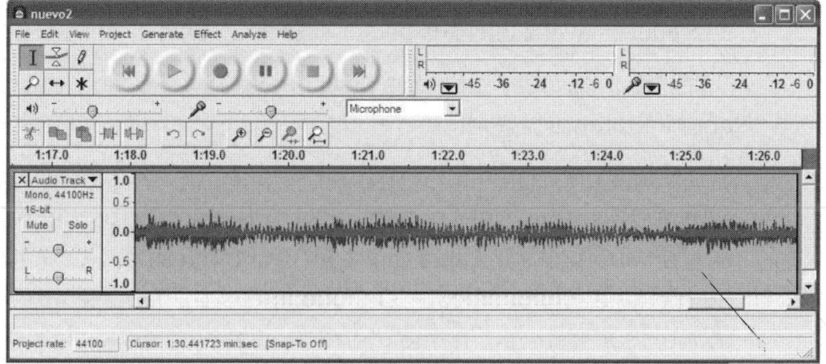

L'apprentissage du texte se réalise en atelier ou en classe de français. L'apprenant a besoin d'une référence phonétique au moment de la mémorisation, donnée par l'animateur, le professeur ou l'enregistrement audio. Même si l'on encourage les apprenants à s'entraider, on évitera cependant de les faire travailler à la maison. N'ayant pas toujours chez eux une personne francophone, ils risquent de mémoriser le texte en y incluant des erreurs phonétiques. Il sera alors particulièrement difficile pour eux de s'en défaire. Les erreurs de prononciation doivent être systématiquement repérées et corrigées au début du travail d'interprétation. La bonne prononciation doit être assimilée au jeu, lorsque l'élève donne vie à son texte et le personnalise à travers sa voix et ses intonations.

Il est compliqué, voire impossible, de jouer avec le texte sous les yeux. Comment travailler la gestuelle, les mains prises ? L'expression des élèves-acteurs est masquée par le texte et leur concentration est dispersée. Pour résoudre ce

problème, j'ai opté pour une solution draconienne mais efficace : le texte est simplement interdit sur scène. Il est autorisé sur l'espace « pré-scénique ». Il s'agit d'un espace intermédiaire où l'animateur corrige la prononciation des apprenants avant leur entrée sur scène.

Le désir de jouer sur scène devient la source de motivation la plus importante pour l'apprentissage du texte.

Dès qu'un apprenant a mémorisé une phrase -peu importe sa longueur-, il sera autorisé à la jouer sur scène. Se pose alors le problème de la réplique, car chacun apprend son texte à une vitesse différente. Le théâtre étant avant tout un travail d'équipe, il convient que les participants s'entraident pour pouvoir monter sur scène au même moment et avoir ainsi le plaisir de jouer ensemble.

LA MISE EN SCÈNE

Une mise en scène c'est comme une maison qu'on construit. On doit s'intéresser à toutes les parties de l'édifice. (Daniel Besnehard)

Répartition des tâches

La mise en scène d'une pièce de théâtre englobe un nombre important de paramètres que l'animateur doit prendre en charge. Elle comporte la mise en espace des comédiens, la direction d'acteur, le travail de scénographie et enfin la technique. Mais le rôle de l'animateur est avant tout celui de coordinateur. On procède à une répartition des tâches en divisant le groupe en plusieurs équipes :

– *L'équipe des « scénographes ».* Ils sont chargés de trouver les décors et les accessoires. Ils proposent au metteur en scène une charte graphique (dominantes de couleurs, style et époque des costumes et accessoires, etc.)

– *L'équipe des « techniciens »*. Ils sont chargés de trouver les éléments sonores (musiques, voix off, bruitages). Lors des réunions de mise en scène, ils exposent les problèmes techniques et leurs idées pour les résoudre.

– *Le « script »*. Il prend des notes pour mémoriser le « tracé scénique », c'est-à-dire l'ensemble des déplacements des élèves-acteurs (entrées et sorties), ainsi que les changements de décors.

– *Les « aide-mémoire »*. Ils aident leurs camarades à répéter. Ils suivent le texte lors des répétitions pour vérifier le bon déroulement de la scène et donner la réplique en cas de trou de mémoire des acteurs.

– *L'équipe des « chargés de communication »*. Ils réalisent l'affiche, les invitations, ainsi que le programme à distribuer lors de la représentation.

Si le groupe est suffisamment soudé cette distribution se fait d'elle-même, mais il est préférable de l'organiser afin que chacun comprenne son rôle et son importance dans le projet. On a souvent tendance à « ne pas vouloir trop en demander à ses élèves ». Malgré leurs airs parfois affligés à l'idée d'apprendre le texte, ils débordent d'énergie et de créativité au moment de participer à la mise en scène. Plus les élèves se seront investis dans la mise en scène, plus la pièce leur appartiendra et plus le succès sera gratifiant. On demande à ceux qui veulent un « tout petit rôle » de s'investir davantage dans le travail de mise en scène et d'organisation. Leur participation est une aide inestimable pour l'animateur car elle lui permet de se concentrer sur la direction d'acteurs et les jeux scéniques.

Répétition de scènes par roulement

Accompagnement de l'oral

Les phases d'assimilation et de prononciation précèdent généralement l'apprentissage du texte. Elles permettent aux apprenants d'obtenir les acquis nécessaires pour bien dire les répliques. Cependant, l'apprenant grave plus facilement dans sa mémoire la bonne prononciation au moment de l'interprétation. Lorsqu'il joue, il s'approprie le texte et lui donne un sens. Le prononcer devient une action plus naturelle que s'il le travaille assis devant son professeur. Il faut accompagner chaque élève individuellement dans un travail d'annotation phonétique et parfois de traduction des répliques. L'animateur doit consacrer beaucoup de temps à cette tâche qui ne relève pas toujours de ses compétences. C'est pourquoi il est souhaitable de créer une collaboration avec le professeur de français ou l'assistant de langue. L'aide à la prononciation et à la compréhension de la pièce est réalisable par le professeur pendant ses heures de cours ou lors de l'atelier.

Rôle critique des élèves-spectateurs

L'apprenant est de manière alternée acteur, spectateur et critique. Le public a un rôle actif dans l'élaboration des scènes car il peut donner son avis sur le jeu ou des conseils aux comédiens. Personnellement, j'encourage mes élèves à faire des critiques franches mais toujours respectueuses. Ces échanges se réalisent de préférence en français, cependant on permet au niveau débutant de s'exprimer en langue maternelle. Ils permettent de créer une dynamique de groupe intéressante et une réflexion sur le travail en cours. À travers eux, c'est le groupe entier qui bénéficie des conseils car une remarque dirigée à une personne est intéressante pour tous. L'animateur veille à la pertinence des propos et au respect de l'autre. On encourage également les apprenants à faire une autocritique sur leur jeu. Une fois cet échange terminé, le groupe passe une nouvelle fois sur scène en tenant compte des remarques des apprenants et de l'animateur. Ce deuxième passage est très important pour l'évolution du jeu et pour éviter que les élèves-acteurs ne se sentent frustrés s'ils ont fait des erreurs la première fois.

Le *Journal de bord*

Pour les niveaux de français les plus avancés, on demande aux participants de réaliser un « journal de bord ». C'est une manière de relier l'oral à l'écrit à travers un travail personnel passionnant. Il s'agit de consigner sur papier ses impressions d'atelier, à travers l'écriture mais aussi le collage ou le dessin. Ce journal contient des commentaires sur les scènes travaillées, des remarques sur leurs difficultés et des solutions pour les surmonter. On peut également y ajouter des critiques de pièces de théâtre, en particulier dans le cadre d'un festival. Le journal de bord est remis à l'animateur une fois par mois. Il n'est pas communiqué aux autres élèves. Il permet une communication écrite entre l'animateur et chaque participant et révèle souvent des difficultés personnelles difficiles à exprimer en groupe.

Les répétitions filmées

Matériel nécessaire :
1 caméra
1 pied de caméra
1 cassette réenregistrable

Filmer les répétitions de la pièce offre de nombreux avantages pour le travail de mise en scène. Pour l'animateur, c'est la possibilité de regarder au calme les scènes travaillées et de construire le tracé scénique de la pièce. Pour les participants, c'est l'occasion de faire un retour en arrière, à la fois objectif et immédiat, sur leur jeu. Lors de ces projections, on demande aux apprenants de commenter la vidéo et de procéder à une autocritique. Le professeur anime le débat en essayant de faire découvrir les erreurs les plus fréquentes telles que :

– une mauvaise projection de la voix, soit par défaut d'articulation, soit par

manque de puissance. La caméra est placée au fond de la salle pour obtenir un plan large de la scène. Sa capacité de capter le son en est donc amoindrie, ce qui constitue un défi pour l'acteur : « Si la caméra capte correctement ma voix, les spectateurs du dernier rang l'entendront aussi ! »

– un manque de clarté dans la gestuelle ou des erreurs de déplacements. Prise de conscience de ses tics (piétinement, mains dans les poches, etc.). La vidéo permet également de se rendre compte des erreurs de positionnement (acteurs jouant dos au public ou se cachant mutuellement).

– la justesse de l'interprétation. On note le manque de sincérité et la caricature dans le jeu. Les apprenants se rendent compte par eux-mêmes de leurs erreurs au moment de la projection, car cette dernière constitue un miroir neutre vidé de toute subjectivité.

Pour rendre l'utilisation de la vidéo utile, les participants doivent oublier l'existence de la caméra. Se savoir filmés entraîne presque toujours une gêne chez les participants, voire un blocage. Il est important d'expliquer au groupe qu'il s'agit d'un support de travail qui ne sortira en aucun cas du cadre de l'atelier théâtre. On interdit d'ailleurs aux élèves de filmer les séances avec leurs téléphones portables pour éviter que leur travail ne se retrouve sur Internet. La loi oblige à faire circuler un document de droit à l'image signé par les intéressés – ou par les parents pour les mineurs.

En plaçant la caméra au fond de la salle, les participants finissent par l'oublier complètement. Il est conseillé d'utiliser un pied pour ne plus avoir à s'en occuper et pour ainsi focaliser sa concentration sur le jeu des apprenants. Cette disposition permet d'obtenir un plan large, idéal pour visualiser les déplacements.

◗ Insertion progressive des accessoires et éléments de décor

La magie de la mise en scène doit s'opérer petit à petit. En insérant progressivement des éléments de décor, on multiplie les possibilités de jeu. Veillez cependant à sauvegarder les éléments les plus fragiles pour éviter de les détériorer avant le jour de la représentation. Chaque participant note ses déplacements dans la marge de son texte une fois le tracé scénique défini.

LA SCÉNOGRAPHIE

Introduction

Travailler la scénographie, c'est créer le visuel de la pièce. Au départ, il n'y a rien. La scène est un espace vide. Cet espace prend forme grâce à différents éléments :

1) **Le corps de l'acteur.** Il crée le décor à travers son jeu. Exemple : *à la manière dont le comédien se déplace, on comprend qu'il se trouve dans le désert ou dans une tempête de neige*. Il est souvent inutile de chercher à illustrer un lieu par un décor si ce dernier est intelligible grâce au jeu des acteurs.

2) **Le texte.** Certains décors sont utiles au déroulement de la scène. Exemple : *une table et des chaises pour une scène de dîner*. D'autres ne sont que symboliques et portent un message différent en fonction des codes culturels et de l'imagination de chacun.

3) **Les décors lumineux ou sonores :** voir chapitre sur la technique

4) **Le hors champ :** c'est ce qui est invisible pour le spectateur mais qui donne corps à l'espace. Il peut s'agir de la continuation imaginaire d'un décor. Exemple : *pour illustrer une salle de classe, placer quelques élèves près d'un rideau latéral et les spectateurs imagineront le reste de la classe dans le hors champ*. L'invisible est souvent plus puissant que le visible car il fait appel à l'imagination.

Dans le cadre du théâtre FLE, il est conseillé d'opter pour une scénographie légère et de créer des décors symboliques. L'illustration lourde à l'aide de panneaux ou d'une toile de fond n'est souhaitable que lorsqu'elle apporte un intérêt à la pièce. Plus l'on cherche à illustrer plus l'on se crée de faux besoins et on risque d'amoindrir la clarté du message. En un mot, le décor est avant tout un espace de jeu dans lequel on doit pouvoir circuler.

Imaginer la scénographie

La conceptualisation de la scénographie se réalise dès la première lecture de la pièce. C'est un peu comme imaginer le mobilier et la décoration quand on visite un appartement vide. Il faut faire appel à son imagination et à son sens de la mise en espace.

Il convient, dans un premier temps, d'établir une liste des décors, des plus indispensables aux plus facultatifs. Chacun ayant sa part de créativité, nous ne sommes pas obligés de suivre à la lettre les indications de l'auteur. Nous n'oublierons pas cependant de prendre en compte les aspects pratiques de la réalisation et du transport. Une fois cette liste établie, on conceptualisera la scénographie par ces deux moyens :

• le dessin ou le collage, toujours accompagnés d'une description écrite. Ce travail permet de définir la « charte graphique » de sa scénographie. Quelles dominantes de couleurs, matières, formes ou quel style d'objets correspondent à la pièce, qu'elle soit d'époque ou contemporaine ?

• sur place, avec les éléments dont on dispose. Ce travail peut se réaliser, avec ou sans les apprenants, dans la salle de répétition afin de se rendre compte de la mise en espace réelle. Au fur et à mesure du déroulement des répétitions, on demande aux participants d'apporter un élément de scénographie afin de le placer et de l'utiliser dans l'espace scénique.

Créer la charte graphique

Créer une charte graphique revient à définir le visuel de la pièce :

– *la matière des objets :* à choisir en fonction de la pièce ou des situations. Le bois, le plastique ou le métal donnent une impression différente au spectateur.

– *les couleurs :* elles ont une connotation différente en fonction des cultures. On peut cependant les séparer en deux catégories : les couleurs chaudes (*rouge, jaune, orange*) et les couleurs froides (*vert, bleu, violet*). Notons que les couleurs des objets changent lorsque l'on ajoute des gélatines aux projecteurs de lumières.

– *les non couleurs :* il s'agit du blanc et du noir, le premier étant l'absence de couleur et le deuxième représentant toutes les couleurs. Les objets blancs se colorent avec l'utilisation de gélatine. À l'inverse, la lumière colorée est absorbée par les objets ou tissus noirs.

Quand utiliser les décors ?

Les éléments de décor servent de repères aux apprenants. Ils leur permettent de fixer leurs déplacements et de les associer au texte. Exemple : *J'avance jusqu'à la table et je dis telle réplique ; ensuite, je me tourne vers la lampe et je dis telle autre.* Voilà pourquoi il est préférable d'utiliser rapidement les décors ou de les symboliser par d'autres objets. Ces décors non définitifs permettent de vérifier le bon fonctionnement de sa mise en espace.

Trouver les décors

Il existe plusieurs façons de se procurer les éléments de scénographie. La première consiste à faire appel aux dons de créativité des parents, toujours prêts à donner un coup de main ! Pour éviter les frais, il est coutume de procéder à de la récupération. Reste bien sûr le problème du stockage. En faisant une demande préalable, certains établissements permettent d'utiliser un espace pour garder les décors. Il faut prévoir également le problème du transport, en particulier si la pièce se joue en dehors de l'établissement.

Pour responsabiliser les participants, on leur demande de se charger de la création ou de l'achat de leur costume. On les invite à s'entraider mutuellement, en recherchant chez eux ou auprès d'amis les accessoires nécessaires. De cette façon, on arrive assez facilement à éviter des dépenses. Il est à noter que les pièces les plus « réussies » ne sont pas forcément les plus chargées en scénographie.

Manipuler les décors

La majorité des pièces nécessite un à plusieurs changements de décors. Pour préparer leur manipulation, il est important de se poser, au préalable, certaines questions : *le poids, la grandeur ou encore les moyens de fixation de l'installation permettent-ils de la transporter ? De combien de temps a-t-on besoin pour réaliser le changement de décors et qui se chargera de le faire ?*

Il existe de nombreuses façons de réaliser ces transitions :

– la plus courante est le changement au noir. On procède au changement de décors en éteignant les lumières. Veillez à ne pas trop répéter cette transition ni la faire durer, car elle abaisse considérablement l'attention des spectateurs.

– le changement visible. Par exemple, des apprenants jouent des techniciens de plateau en train de changer les décors, donnant ainsi naissance à une improvisation. De nombreux personnages peuvent réaliser la même action : elfes pour une scène de forêt, robots pour une navette spatiale, etc.

On peut y intégrer de la musique et réaliser une chorégraphie. Si, dans le groupe, certains apprenants sont musiciens cela apporte un plus.

Exemples de représentations symboliques

La mer

Exemple 1 : on peut la symboliser avec un tissu bleu posé au sol. Les comédiens se glissent en dessous et secouent le drap pour simuler les vagues.

Exemple 2 : le tissu peut également être tendu à l'horizontale. Les acteurs passent la tête au-dessus du tissu pour représenter des nageurs ou utilisent des formes construites en carton : *bateaux, dauphins,* etc.

◗ La forêt

Exemple 1 : placer des feuilles mortes sur la scène.

Exemple 2 : représenter des arbres avec des balais ou des branches trouvées dans la nature. Pour qu'ils tiennent à la verticale, on fixe un sac de sable à leur base pour les alourdir.

◗ La ville

Exemple 1 : représenter un passage pour piétons sur la scène à l'aide d'adhésif blanc ou d'un tissu rayé blanc et gris foncé. En symbolisant certains objets, l'image de la rue naît automatiquement : *parcmètre, lampadaire,* etc.

Exemple 2 : à la craie, dessiner sur le sol une perspective représentant une rue ou un boulevard.

Exemple 3 : dessiner de manière simplifiée une façade sur un carton géant. Y coller des boîtes d'allumettes ou de chaussures pour créer une dimension. On peut ensuite faire passer de la lumière à travers des feuilles transparentes pour représenter les fenêtres. Un jeu de théâtre d'ombre devient alors possible.

◗ Un salon ou appartement

Pour éviter les décors lourds, on peut symboliser :
– un canapé avec trois chaises recouvertes d'un drap ;
– un lit avec deux ou trois bancs recouverts d'un drap ;
– une armoire en ouvrant une porte imaginaire.

LA TECHNIQUE

Les lumières

Dans le cadre du théâtre FLE, on est souvent confronté à un manque d'équipement de son et lumière. Lorsque les représentations se produisent en dehors de l'établissement d'accueil, les chances d'avoir à sa disposition du matériel et des techniciens sont plus probables.

Les festivals francophones exigent généralement des troupes participantes une *fiche technique*[1] accompagnée d'un *plan de feu*[2]. Sur place, des techniciens aident les troupes au montage des décors et à la régie.

L'illumination fait partie du travail de scénographie car elle concrétise le visuel de la pièce. La lumière est en soi un langage, qui plonge le spectateur dans des atmosphères changeantes. Faites attention cependant à ne pas tomber dans l'excès d'effets ou de transitions. L'important est de garder une cohérence et une fluidité dans le choix de la mise en lumière.

◗ Graduation de l'intensité

Un travail d'annotation est à réaliser sur chaque scène du texte. *La scène se passe-t-elle à l'intérieur ou à l'extérieur ? de jour ou de nuit ?* On peut se référer aux moments de la journée : *aube, matinée, après-midi ou soirée* ; ainsi qu'aux situations climatiques (*canicule, pluie, tornade,* etc.) Ces informations permettent de connaître l'intensité lumineuse de chaque scène et de la graduer en conséquence.

Ces réglages sont réalisables avec une table de mixage basique et servent à créer des transitions. Par exemple : commencer par une lumière faible, lors d'une scène intimiste, permet de créer une transition franche quand on remonte l'intensité lumineuse au moment de l'arrivée d'un élément perturbateur ou d'un changement de rythme.

◗ Focalisation de la lumière

Certains projecteurs permettent de focaliser la lumière sur un espace précis de la scène. Il existe la « poursuite » à focale longue pour suivre un personnage en mouvement. Il y a également les « douches », qui sont fixées au dessus de la scène et produisent une lumière focalisée et verticale. Mais les plus courants sont les projecteurs « fresnel » ou « mandolines », équipés de caches ajustables permettant de réduire le champ de projection.

1. La fiche technique est un document qui indique les besoins techniques et matériels pour la représentation.
2. Le plan de feu est un schéma ou tableau indiquant l'emplacement et la position des projecteurs.

Focaliser la lumière permet de :

– se concentrer sur un personnage lors d'un aparté ou d'un monologue.

– illuminer une partie de la scène pour faire ressortir une situation en particulier.

– créer des espaces distincts en même temps. Par exemple, deux personnes au téléphone. Ou bien des univers différents : d'un côté une navette spatiale, de l'autre, un monde féerique.

– réaliser un changement de décors sans coupure, en maintenant un acteur sur scène.

Utilisation de couleurs

Il existe deux manières d'intégrer les couleurs sur scène : les gélatines et les ampoules colorées. Nous favorisons l'emploi de gélatines qui apportent une meilleure qualité et diffusion de la lumière. Elles filtrent davantage la lumière et offrent une plus grande diversité de couleur. Les gélatines s'achètent dans les magasins spécialisés en luminaires. Ne pas utiliser les transparents de couleurs, vendus en papeterie, pour éviter le risque d'incendie au contact du projecteur. Les gélatines doivent être correctement attachées au projecteur à l'aide des fixations spéciales prévues à cet effet. À défaut de projecteur adapté, nous utilisons des ampoules colorées. Ces dernières ont le défaut d'être peu puissantes, omnidirectionnelles et de couleur non modulable.

Éléments lumineux sur scène

Pour pallier au manque d'équipement de la salle ou ajouter un effet artistique, on utilise des objets lumineux comme des lampadaires ou des guirlandes branchées sur secteur. Des lampes de poche ou de lecture accrochées aux costumes des acteurs permettent un éclairage mobile et unidirectionnel. Créer des jeux de lumière grâce aux téléphones portables et autres gadgets est parfois intéressant. Les bougies ou bâtons à étincelles sont à proscrire pour des raisons de sécurité. Une bonne utilisation de la lumière perfectionne la mise en scène et permet de symboliser des espaces ou de créer des atmosphères tout en limitant le nombre de décors.

Théâtre d'ombre

Idéal pour illustrer un rêve ou un souvenir, le théâtre d'ombre est simple à utiliser et demande peu de matériel : un tissu blanc tendu par des fils ou grâce à une structure solide, une à deux lampes allogènes et des formes en carton ou plastique épais. On manipule les formes grâce à des baguettes. On peut créer des articulations aux personnages en utilisant des attaches parisiennes. Un rétroprojecteur est idéal car il permet de projeter le décor à partir d'un transparent de format standard.

Pour ajouter une touche de couleur nous pouvons :
– intégrer des transparents colorés sur le tissu ou sur le rétroprojecteur ;
– projeter un décor vidéo ou diaporama.

Il est à noter que le théâtre d'ombre ne fonctionne que dans le noir ou la semi-obscurité. Les entrées de lumières naturelles par les fenêtres sont à camoufler avec des rideaux ou des tissus sombres.

Insertion de vidéo

L'intégration de la vidéo est aujourd'hui monnaie courante en matière de scénographie. De nombreux jeux de scène sont réalisables grâce à l'audiovisuel. Il s'agit d'un outil à usage multiple, qui peut se révéler, selon les besoins, descriptif, narratif ou encore esthétique.

La vidéo comme espace scénique

Lors d'un atelier à l'Université de Chypre, je montais avec mes élèves une adaptation de « *L'œuf dur* » de Ionesco. Nous avions décidé d'intégrer la vidéo en créant des entrées et sorties via l'écran. Au moment exact où l'acteur se glissait derrière l'écran, il apparaissait en personnage du film. Ce jeu de mise en scène a été très enrichissant car il a permis de projeter des images de Chypre dans les festivals à l'étranger. Cependant, il demande un lourd travail de synchronisation entre la technique et les acteurs.

La vidéo comme élément additionnel

Il s'agit de projeter des séquences vidéo qui accompagnent l'action sur scène. Par exemple, des personnages appartenant à un monde onirique sont projetés sur un écran au-dessus des personnages réels. Les acteurs sur scène pourront ou non communiquer avec ces apparitions visuelles. Pour utiliser ce type de projection, il convient de penser au support et à son intégration dans la scénographie. On obtient un effet différent si on projette une vidéo sur une robe de mariée suspendue ou sur un écran. De même, la projection de diapositives, de vidéo numérique ou de film 8 mm amène à une esthétique différente.

La vidéo en direct

Pour utiliser la vidéo en direct, on pose la caméra sur un pied en choisissant le cadre (champ de vision de la caméra). Connecter ensuite la caméra au projecteur. Le câble reliant les deux appareils doit être assez long. En positionnant la caméra et le projecteur dans la même direction, on obtient l'effet infini du double miroir. Cet effet permet, par exemple, de créer une scène psychédélique. La vidéo en direct est également utile pour renforcer l'impression d'enfermement pour les pièces à huis clos.

Tout comme le théâtre d'ombre, les projections vidéo requièrent suffisamment d'obscurité.

Le son

Le théâtre FLE demande, outre l'effort de prononciation des apprenants, une excellente acoustique pour faciliter la compréhension du public. Le volume de la bande son ne doit en aucun cas couvrir la voix des élèves-acteurs. On utilisera de préférence les sons enregistrés dans les scènes non verbales.

Qu'est-ce qu'une bande son ?

Une bande son est l'ensemble des éléments sonores enregistrés. Elle peut se composer de :

• musique : elle permet d'accompagner une situation, de renforcer un sentiment ou de créer une ambiance. Travailler sur la coordination entre la musique et l'expression corporelle donne plus de rythme à la scène. La musique offre souvent un moment de repos pour les spectateurs, dont la concentration est particulièrement sollicitée en langue étrangère. Le jazz des films muets s'adapte parfaitement aux scènes comiques ou burlesques. Pour les actions mimées ou les suites de péripéties, la musique classique est idéale grâce à ses variations rythmiques.

• voix off : comme leur nom l'indique, il s'agit de voix hors champ. Elles peuvent être enregistrées ou émises depuis les coulisses. Les voix off permettent de créer des personnages ou des situations non visibles par les spectateurs. Par exemple, une partie d'une conversation téléphonique ou encore une voix appelant derrière la porte.

• bruitages : ils permettent d'amplifier certains bruits. Par exemple, des pas ou une porte qui s'ouvre. Les sons d'ambiance informent le public sur le lieu de la scène : *une forêt, la mer,* etc. De nombreux bruitages libres de droits sont disponibles sur Internet. Pour éviter les problèmes techniques de dernière minute, il convient de vérifier à l'avance la compatibilité du format avec le lecteur.

La musique en direct

On trouve généralement un ou deux musiciens dans le groupe d'apprenants. L'utilisation d'instruments sur scène est un plus incontestable. On utilise les instruments pour la musique mais aussi pour créer des bruitages. L'animateur choisit les mélodies en fonction du répertoire de chaque apprenant musicien. Dans le cadre scolaire, le professeur de musique est un collaborateur potentiel.

Les bruitages en direct

Avant d'intégrer des bruitages à la mise en scène, l'animateur organise une première séance à la découverte des sons. Chaque participant apporte un objet ou un instrument. Les apprenant expérimentent les sons que produit chaque objet. On leur demande ensuite de réaliser un bruitage : *le trot d'un cheval, une porte qui grince, un verre qui se casse*, etc. Lors de la représentation, les bruitages se réalisent sur scène ou en coulisses. À l'aide d'un micro, d'objets usuels et de beaucoup d'imagination, on peut faire des miracles. N'oublions pas que notre bouche est aussi un excellent instrument pour réaliser toutes sortes de sons.

Créer une fiche de consignes pour le son

Chaque manipulation sonore est notée dans une fiche de consignes. Au moment de la représentation, elle permet de repérer les moments précis pour effectuer les bruitages, commencer ou arrêter une musique. Cette fiche est demandée par les régisseurs lors des festivals.

Comment manipuler le son ?

Matériel amateur

Une chaîne hi-fi de bonne qualité ou un ordinateur portable équipé de baffles est le strict nécessaire pour la manipulation sonore lors d'une représentation.

L'ordinateur portable offre une meilleure manipulation car il permet de visualiser plusieurs pistes audio en même temps. On établit un ordre chronologique des pistes en fonction de leur insertion dans la pièce. Les pistes sont à nommer ou à numéroter de manière à les retrouver sur la fiche de consignes sonores.

Matériel professionnel

Les manipulations sonores s'effectuent grâce à une console de mixage (appelée également table ou pupitre de mixage). Elle permet d'amplifier le son, de créer des effets sonores comme la distorsion ou l'écho. La console de mixage est idéale pour réaliser des transitions entre différents éléments sonores. La majorité des consoles sont numériques et certaines sont équipées d'une mémoire permettant de programmer les manipulations à réaliser.

Conseil : l'animateur s'occupe généralement de la régie lors des représentations. Pour les pièces qui demandent une technique importante, il est préférable d'être deux. L'un s'occupe du son pendant que l'autre gère la lumière.

ORGANISATION DU SPECTACLE

La Communication

Pour établir son plan de communication, il faut savoir si la représentation se déroulera dans un cadre privé ou public.

Dans le cas d'une représentation privée, il suffit d'envoyer une annonce sous forme de lettre indiquant le lieu, la date et l'heure du spectacle.

Dans le cas d'une représentation publique, on réalisera toutes les actions propres à la communication d'un spectacle. Le groupe « chargé de communication », aidé par l'animateur ou le professeur de français, réalise les tâches suivantes :

– les prospectus ou invitations : généralement, le prospectus est la forme de communication pour un spectacle payant et l'invitation celle des représentations gratuites. L'un et l'autre doivent contenir les informations de base telles que le titre de la pièce, le lieu, la date et l'heure de la représentation. On y intègre généralement un résumé ainsi qu'une photographie ou un dessin présentant la pièce. Les invitations sont imprimées et distribuées par les membres du groupe, ou envoyées par Internet à une liste de contacts.

– les invitations officielles : elles sont adressées au directeur de l'institution d'accueil, au responsable pédagogique, à la presse ainsi qu'aux éventuels mécènes ou sponsors.

– l'affiche : qu'elle soit en couleur ou en noir et blanc, elle doit faire ressortir le visuel de la pièce. Le symbole représentatif de l'histoire ou du thème est mis en avant. On peut aussi montrer les acteurs en situation grâce à une photo ou à un dessin. Les informations générales devront être présentes ainsi que le titre en gros caractères. Le nom de l'auteur et celui du metteur en scène y seront également indiqués.

– le programme : il s'agit du document informatif remis aux spectateurs lors de la représentation. C'est là que figurent le nom de la pièce, celui de l'auteur et du metteur en scène ainsi que ceux des participants. Comme pour un générique, le nom de chaque comédien apparaît en fonction de son(ses) personnage(s). Sur le programme, les spectateurs pourront lire le synopsis de la pièce ainsi qu'une courte biographie de l'auteur. Le programme est l'occasion de mettre en valeur le travail pédagogique réalisé et les efforts des apprenants. On peut aussi y intégrer de courtes interviews des élèves-acteurs. Enfin, ce document permet de remercier tous les organismes ou personnes qui ont apporté leur aide à la réalisation du projet.

Techniques de réalisation

– Le collage : on demande préalablement à chaque participant d'apporter une image ayant un rapport avec la pièce. On consacre une séance de l'atelier à la réalisation du collage. On peut également y ajouter des photos, des dessins...

– L'infographie : les logiciels de retouche d'image comme *Photoshop*, *Paint* ou *Illustrator*, permettent de réaliser la communication sous forme numérique. Si l'animateur ne se sent pas très à l'aise avec les ordinateurs, il trouvera toujours, dans le groupe, la personne ayant les compétences requises pour réaliser l'infographie. Réaliser la communication sur l'ordinateur facilite les corrections éventuelles et la diffusion par Internet.

Conseil : avant d'imprimer, vérifiez :
– que l'information soit lisible ;
– que le texte ne risque pas d'être coupé par les marges ;
– que les images ne soient pas trop sombres afin qu'elles apparaissent correctement à l'impression, sur les photocopies.

Communication aux médias

La presse est un excellent moyen d'attirer le public. Il est facile d'obtenir un article dans un journal local ou une entrevue avec une radio municipale. La communication à envoyer aux médias ou aux festivals est la suivante :
– une courte description de votre projet (*qui, quoi, où, comment, pourquoi ?*) ;
– le synopsis de la pièce (accompagné du nom de l'auteur et du metteur en scène) ;
– les informations capitales (*nom de la pièce, date, heure, lieu, durée, tarif*) ;
– une sélection de photos du travail d'atelier.

Les préparatifs

Rassembler la scénographie

Plusieurs jours avant le spectacle, l'animateur fait une liste des costumes, accessoires et décors à rassembler. On choisit des responsables pour chaque élément. L'idéal est de stocker l'ensemble de la scénographie sur place, au minimum un jour avant la représentation.

Recherche de la salle de représentation

Qu'elle soit dans l'enceinte de l'établissement ou à l'extérieur, la salle doit répondre à certains critères :

– comporter un espace de jeu suffisant. Toutefois, il est presque toujours possible de s'adapter à l'espace, en éliminant des décors ou en remodelant le tracé scénique.

– être équipée pour le public. C'est-à-dire, contenir un nombre de chaises, de bancs ou de tapis suffisant pour le nombre d'invités prévu.

– répondre aux normes de sécurité. Sorties de secours, extincteurs, lumières montées sur batterie. Pour éviter tout danger, il est préférable d'interdire toute utilisation du feu sur scène (bougie, bâton d'étincelle, etc.)

– un espace pour se changer. Vérifier que la salle est équipée de coulisses ou d'un espace non visible depuis le public. Dans le cas contraire, un paravent ou un rideau de fond de scène permet de créer un espace pour se changer. Ce dernier doit être suffisamment grand pour accueillir l'ensemble des comédiens et permettre leurs entrées et sorties.

– un espace pour la technique. Vérifier que la salle possède suffisamment d'installations électriques. Le régisseur son et lumière n'a besoin que d'une chaise et d'une table mais il doit être placé à proximité d'une prise électrique et de façon à voir la scène.

La répétition technique

La répétition technique se déroule dans la salle de représentation. Dans la majorité des cas, elle se réalise le jour même du spectacle, voire quelques heures avant. Dans les festivals, le temps autorisé pour l'installation du matériel et le repérage technique se situe entre 10 et 30 minutes. Dans ce temps record, il convient de régler :

– les transitions et les éclairages pour chaque scène. Le positionnement des projecteurs et l'installation des gélatines se réalisent à ce moment-là. Dans les théâtres professionnels, les régisseurs disposent généralement d'éclairages préenregistrés, très pratiques pour les pièces à petites ambitions techniques.

– la mise en espace réel. Les apprenants sont présents au moment de la répétition technique pour repérer les zones sombres et les zones lumineuses où ils devront évoluer. On place des marques sur le sol avec de l'adhésif noir, appelé gaffeur, pour délimiter les espaces. Si la répétition technique se déroule juste avant la représentation, il conviendra de fixer les décors. En cas de manque d'espace, nous retirerons les éléments superflus pour éviter de surcharger l'espace scénique.

– l'insertion et le volume du son. Il convient de régler le volume de chaque piste audio pour obtenir une écoute optimale.

– filage accéléré. Une fois l'aspect technique résolu, nous procédons à une répétition en accéléré avec les comédiens. Cela permet de passer en revue toutes les manipulations techniques, déplacements et transitions.

La répétition générale

On pourrait définir la répétition générale comme une représentation privée car elle se déroule dans les mêmes conditions mais sans la présence du public. On réalise deux filages d'affilée pour obtenir une vision globale de la pièce. Cela permet de réaliser une mesure :

– du rythme ;
– de la durée ;
– de l'audibilité (propulsion de la voix et articulation) ;
– de l'utilisation de l'espace ;
– du temps pour les transitions ou changements de décors.

Si l'occasion se présente, nous passerons une journée entière ou un week-end dans la nature. C'est un excellent moyen de souder le groupe, de tranquilliser et détendre les participants et de réaliser des filages juste avant la représentation.

Le jour de la représentation

Le temps de préparation

Si la représentation se déroule le soir, on veillera à ce que les apprenants aient le temps de manger avant de jouer. On donnera rendez-vous une bonne heure avant le début du spectacle pour préparer la salle et se concentrer.

Organisation des coulisses

– Trouver l'endroit idéal pour placer les décors ; ils ne doivent pas gêner ni boucher les entrées vers la scène.

– Installer l'espace où filles et garçons pourront se changer sans être vus.

– Ranger le matériel nécessaire pour la scénographie : chacun est responsable de ses affaires. On donne une chaise ou un sac à chaque participitant pour qu'il retrouve facilement, entre chaque scène, ses costumes et ses accessoires.

Le montage des décors

Pour éviter les problèmes techniques de dernière minute, mieux vaut monter le décor le plus tôt possible. Les difficultés du montage ont été résolues lors de la répétition technique. L'animateur vérifie la stabilité des décors pour éviter tout risque d'accident.

Canaliser les énergies

Dans l'heure qui précède la représentation, il est indispensable de gérer le trac des apprenants et sa propre appréhension. Le mélange de l'excitation et de la peur de monter sur scène est un véritable moteur pour l'apprenant. C'est à l'animateur de canaliser ces énergies en instaurant une cohésion de groupe et en évitant le dispersement. Cette harmonie s'établit grâce à des jeux de dynamisation avant l'arrivée des spectateurs, par exemple avec l'exercice *À la poubelle* (Fiche 28)

Donner les dernières recommandations

Juste avant d'ouvrir le rideau, on rassemble les apprenants en cercle, comme une équipe de rugby, afin de donner les dernières recommandations :

1) Faites-vous plaisir.
2) Parlez fort.
3) Articulez.
4) Silence complet dans les coulisses.

Après la représentation

Discussion avec le public

Du point de vue pédagogique, nous encourageons l'organisation de discussions avec le public. Ces débats, animés par l'animateur, offrent un échange en français. C'est l'occasion de mettre en avant le travail effectué par les apprenants et d'aborder les thématiques de la pièce.

Rangement de la scénographie

À la fin de la représentation, la tendance est à la dispersion et c'est bien normal ! Une fois la phase des félicitations passées, on rassemble le groupe d'apprenants pour démonter les décors et ranger la scénographie.

Le bilan

Le bilan est un moment important car il clôture l'atelier. On y évoque les joyeuses et malheureuses anecdotes de scènes, les difficultés dépassées, les commentaires du public et on y fait une autocritique sur son jeu. Le bilan ne doit pas être perçu comme une séance officielle. Avec les mineurs, on l'effectue les jours qui suivent, dans la cour de récréation ou dans un parc. Pour les groupes d'adultes, la tradition veut qu'on se retrouve le soir même dans un café. C'est à ce moment-là que, quel que soit l'âge des participants, on entend souvent cette phrase : « Allez, on recommence ?! »

II. Le projet théâtral

Deuxième partie

Fiches pratiques

La dynamisation

La première étape du projet consiste à créer une dynamique de groupe et à favoriser l'interaction entre ses membres. Grâce aux jeux de dynamisation, les participants apprennent à se connaître et à jouer ensemble. L'atmosphère ludique chasse vite les appréhensions et favorise la participation. Cette phase préliminaire est indispensable à la préparation du jeu d'acteur et à une bonne cohésion de groupe. Tout comme le sportif qui doit s'échauffer avant de courir, l'acteur a besoin d'une phase préparatoire pour jouer. Ces activités sont proposées en début de session. On y travaille essentiellement l'écoute, la concentration, la rapidité de réaction, l'interprétation et la confiance. Nous conseillons de commencer ces activités dès la formation du groupe et d'en diminuer la fréquence lors du travail sur la pièce.

Vous trouverez des exemples de jeux de dynamisation dans la première partie de l'ouvrage. Voir fiches n° 1, 2, 3, 11, 12, 24, 25, 26, 28, 29, 30, 31, 36.

Fiche 61 — Regarder autrement

Niveau : tous
Objectifs : découverte du groupe, de l'espace et du corps
Durée : 15 minutes
Participation : tous
Lieu : espace de jeu
Matériel : aucun

Déroulement

• 1re phase : les participants se déplacent sur l'espace scénique. Ils regardent l'endroit comme s'ils le voyaient pour la première fois. Il s'agit de trouver des angles de vue originaux. Par exemple, en longeant les murs, en regardant entre ses jambes ou à partir d'une position allongée. Cet exercice se réalise à plusieurs mais il s'agit d'un travail individuel. Il n'y a pour l'instant pas d'interaction entre les membres du groupe.

• 2e phase : prise de conscience de son corps dans l'espace. Chaque participant s'examine lui-même en gardant la curiosité qu'il avait pendant la première phase de l'activité.

• 3e phase : prise de conscience des autres dans l'espace. Les participants se regardent les uns les autres en cherchant à se voir d'une manière nouvelle et à travers des angles de vue différents.

Remarque

Cet exercice est l'occasion d'une réelle rencontre entre les participants. Il doit se réaliser dans le calme et avec un réel désir de découverte. Une musique de relaxation favorise la mise en place de cette atmosphère.

Fiche 62 La toupie

Niveau : tous
Objectifs : concentration et rapidité
Durée : 10 minutes
Participation : tous
Lieu : espace de jeu
Matériel : aucun

Déroulement

• 1re phase : en cercle, les participants font circuler un mot et une action dans le sens des aiguilles d'une montre. Par exemple : *bonjour en se serrant la main*. On effectue un tour complet du cercle. On peut faire circuler cette même action en y ajoutant une émotion (exemple : *surprise, dégoût*, etc.).

• 2e phase : on ajoute un nouveau mot, lui-même associé à une action, par exemple : *au revoir avec un geste d'adieu*. L'objectif est de faire circuler ces deux actions (*bonjour* et *au revoir*) en gardant toujours une distance suffisante pour éviter qu'elles ne s'entrechoquent. Pour les grands groupes, nous ajoutons une troisième ou une quatrième action.

• 3e phase : les deux actions circulent dans un sens opposé. Les élèves qui sont au croisement doivent faire circuler les deux actions dans le bon sens pour que le jeu continue.

Remarque

Cet exercice est idéal pour commencer un atelier car il demande un niveau de concentration important. L'information qui circule permet un premier échange et offre une certaine complicité entre les participants.

Fiche 63 Grille-pain / Palmier / Éléphant

Niveau : tous
Objectifs : rapidité et concentration
Durée : 5 à 10 minutes
Participation : tous
Lieu : espace de jeu
Matériel : aucun

Déroulement

L'animateur est au centre du cercle. Il désigne un des participants en disant *éléphant*, grille-*pain* ou *palmier*. Le participant A et ses deux voisins B et C miment le mot de la manière suivante :

- **Grille-pain**

A représente le pain qui sort de la machine. Il saute plusieurs fois, les bras le long du corps et les pieds joints.

B et C encadrent A en levant les bras en l'air pour représenter les parois du grille-pain.

- **Palmier**

A lève les bras au ciel pour représenter un palmier. De chaque coté, B et C imitent le bruit du vent et bougent lentement les bras de gauche à droite.

- **Éléphant**

A croise les bras et se pince le nez avec la main droite, laissant le bras gauche pendre comme une trompe. Il pousse un barrissement en levant la trompe.

B et C forment un arc de cercle avec leurs bras entre la tête et les hanches de A pour représenter les oreilles de l'éléphant.

Remarque

L'exercice peut s'appliquer à une grande variété de mots, en fonction du niveau de langue des participants. Nous pouvons, par exemple, prendre les représentations créées lors de l'exercice *Les statues personnages* (Fiche 25).

Fiche 64 — Accumulation de gestes

Niveau : tous
Objectifs : écoute et mémorisation
Durée : 15 minutes
Participation : tous
Lieu : espace de jeu
Matériel : aucun

Déroulement

• 1re phase : en cercle, un premier participant effectue un geste simple. Par exemple : *lever les bras en l'air*. Son voisin de gauche reproduit le geste et en ajoute un nouveau. Exemple : *Lever les bras en l'air + taper du pied*. Les gestes s'additionnent et circulent ainsi dans le cercle pendant un ou deux tours.

• 2e phase : les participants ajoutent un mot, un son ou une intention à chaque geste.

• 3e phase : les participants reproduisent tous en même temps l'ensemble des gestes.

Remarque

Cet exercice permet de travailler la mémoire visuelle et auditive. En cherchant un lien logique entre les gestes, nous aboutissons à une histoire gestuelle ce qui facilite la mémorisation.

Fiche 65 La bouteille ivre

Niveau : tous
Objectifs : confiance et cohésion de groupe
Durée : 5 minutes
Participation : 9 participants maximum
Lieu : espace de jeu
Matériel : aucun

Déroulement

Les participants forment un cercle relativement serré. Une personne se place au milieu, les yeux fermés, les pieds joints et les bras le long du corps, complètement détendue. Elle se balance doucement au centre du cercle et finit par ce laisser tomber. Le groupe la rattrape en douceur et la fait circuler d'un côté à l'autre du cercle.

Remarque

Cet exercice permet de créer une réelle confiance entre les membres du groupe. Il provoque une sensation de tranquillité et de bien-être si l'apprenant arrive à détendre son corps et son esprit. Pour éviter tout accident, il est important d'insister sur la concentration et la solidarité du groupe.

Fiche 66 Les démarches

Niveau : tous
Objectifs :
– écoute et réactivité
– expression corporelle
Durée : 10 à 15 minutes
Participation : tous
Lieu : espace de jeu
Matériel : aucun

Déroulement

Les apprenants marchent sur scène de manière naturelle sans contact entre eux et en utilisant tout l'espace. Au signal de l'animateur, ils modifient leur démarche.

• 1re phase : passer d'une marche lente à une marche rapide. Pour bien voir la progression, commencer par le ralenti le plus extrême. On peut ensuite demander aux apprenants de se figer en statue de façon ponctuelle pour créer des coupures franches de rythme.

• 2e phase : ajouter un sentiment ou une intention. Par exemple : *être en retard, tourner en rond, marcher sans conviction*, etc.

• 3e phase : la démarche de personnages. Marcher comme *un robot, un ours, une sorcière, un crabe, une personne âgée, un enfant qui fait ses premiers pas*, etc.

• 4e phase : situation climatique : *marcher sous un soleil ardent, sous la pluie, la tempête*. On peut également créer une progression, par exemple : *de la bruine à la pluie torrentielle*. On ajoute ensuite des obstacles comme *des flaques d'eau, de la boue, des sables mouvants* et ainsi de suite.

• 5e phase : réunir toutes les consignes en une seule. Par exemple : *vous êtes un robot, sous la pluie, vous marchez doucement et vous êtes inquiet.*

Fiche 67 — Hip, Hop, Hup et compagnie

Niveau : tous
Objectifs : écoute, réactivité et mémorisation
Durée : 5 à 10 minutes
Participation : tous
Lieu : espace de jeu
Matériel : aucun

Déroulement

Le groupe se déplace sur l'aire de jeu. À chaque mot ou onomatopée de l'animateur, les participants effectuent une action différente. Cet exercice se répète tout au long des ateliers avec, à chaque fois, de nouvelles actions à réaliser.

• *Hip :* crier « Youpi tralala » en sautant en l'air et en levant les bras. Il s'agit d'un véritable cri de joie.

• *Hop :* aller voir chaque participant et lui poser une question. Par exemple : *Comment tu t'appelles ?*

• *Hup :* s'agenouiller en mettant sa main droite sous son menton et dire : *Elle est dure la vie*, d'un air pensif.

• *Feu :* se jeter à terre. (Réflexe conseillé pour ne pas respirer la fumée.)

• *Inondation :* monter sur une chaise ou tout espace élevé.

• *Tremblement de terre :* se mettre sous la table ou contre les murs porteurs.

• *Driiiiing :* dire ensemble « allô » en mimant l'action de décrocher le téléphone.

• *Compter de 1 à 10 :* les participants se placent en ordre croissant de taille et forment une rangée devant l'animateur.

Remarque

Avant de réaliser cet exercice, la préparation de l'espace est importante pour éviter tout accident.

La gestuelle

Travailler la gestuelle, c'est avant tout prendre conscience de son corps et apprendre à l'utiliser avec clarté et précision. C'est aussi découvrir un langage universel très puissant. L'interprétation des personnages passe d'abord par des attitudes corporelles qui reflètent les intentions et les émotions.

Les apprenants de français font souvent un blocage face à la prise de parole. C'est pourquoi un travail préliminaire sur la gestuelle est indispensable. Nous approfondissons cette notion dans le chapitre intitulé : *Avantages des activités théâtrales en classe de langue* (1re partie, Chapitre 1). En atelier, nous conseillons de commencer par des exercices « 100 % gestuelle » pour éveiller, chez les apprenants, le désir de jouer. La prise de parole s'ajoute graduellement à ces improvisations jusqu'à trouver un juste équilibre entre expression orale et corporelle.

L'expression corporelle tient une place importante dans le théâtre FLE. Il ne faut pas perdre de vue que le public est composé majoritairement d'apprenants de français, des amis et des familles des participants. Le niveau de compréhension orale du public est à prendre en considération. L'expression corporelle doit permettre une compréhension globale de l'histoire et de sa progression.

Vous trouverez d'autres exercices ou improvisations gestuelles dans la première partie de l'ouvrage. Voir fiches n° 14, 15, 21, 25, 27, 32, 35, 37, 41.

Fiche 68 Jeux de miroir

Niveau : tous
Objectifs : faire des propositions gestuelles et se synchroniser
Durée : 5 à 10 minutes
Participation : tous ou en duo.
Lieu : espace de jeu
Matériel : une corde

Le miroir à deux

Déroulement

Deux participants se placent l'un en face de l'autre. Le premier réalise des gestes lents et le deuxième les imite en même temps comme s'il était son reflet dans un miroir. On inverse ensuite les rôles.

Le miroir en groupe

Déroulement

• 1re phase : un élève-acteur effectue une série de gestes pour raconter une histoire. Il peut utiliser des onomatopées. Face à lui, le groupe reproduit les mêmes gestes et les mêmes bruits en temps réel.
• 2e phase : le meneur interprète à la suite plusieurs émotions qui sont immédiatement imitées par le groupe.
• 3e phase : à présent, le groupe joue l'inverse du meneur tant au niveau émotionnel que gestuel. Exemple : *si le meneur rit, les participants du groupe pleurent ; s'il saute, ils se couchent,* etc.

Remarque

On peut séparer le meneur et le groupe par l'intermédiaire d'une corde. Pour favoriser la participation, dès le début du jeu, on aura défini que le meneur ne pourra revenir dans le groupe que lorsqu'une personne aura franchi volontairement la corde pour prendre sa place.

Fiche 69 La pâte à modeler

Niveau : tous
Objectifs : confiance, concentration et équilibre
Durée : 5 à 15 minutes
Participation : en duo
Lieu : espace de jeu
Matériel : aucun

Déroulement

Le jeu se réalise en binôme. L'un des participants est le sculpteur, l'autre la pâte à modeler. Le premier doit sculpter une statue avec le corps de l'autre. L'apprenant « pâte à modeler » est souple comme un pantin mais il doit tenir les positions exigées par le sculpteur. L'exercice se fait dans le silence. Une fois le jeu terminé, on inverse les rôles.

Après le jeu

Demander au sculpteur de décrire son œuvre. Pour un niveau débutant, il s'agit de nommer sa création en utilisant le vocabulaire de base de la description physique.

Variante

Voir exercice *La matière* (Fiche 30)

Fiche 70 La course au ralenti

Niveau : tous
Objectifs : clarté et prise de conscience corporelle
Durée : 5 à 10 minutes
Temps de préparation : 2 minutes
Participation : tous
Lieu : espace de jeu
Matériel : corde (facultatif)

Avant le jeu

Marquer à la craie ou à l'aide d'une corde les lignes de départ et d'arrivée.

Déroulement

Les participants sont alignés en position de départ. La course au ralenti débute au signal de l'animateur. Évidemment, le dernier est le vainqueur ! Les coureurs doivent faire de grandes enjambées en accentuant les mouvements corporels et l'expression faciale. Il est interdit de regarder ses pieds.

Variante

Un apprenant fait le commentaire sportif durant la course et le gagnant est interviewé.

Remarque

L'animateur doit veiller à ce que les coureurs ne trichent pas en faisant du sur place. Cet exercice permet de prendre conscience de ses articulations et de son équilibre.

Fiche 71 — Exagération gestuelle

Niveau : tous
Objectifs : imiter et accentuer une démarche
Durée : 10 minutes
Participation : 6
Lieu : espace de jeu
Matériel : aucun

Déroulement

Six participants se placent en ligne. Le premier fait le tour de la scène en marchant naturellement. Le second l'imite en exagérant légèrement sa démarche. Le troisième exagère la démarche du second et ainsi de suite. Le sixième participant représente une exagération maximale de la démarche.

Remarque

L'intérêt de l'exercice est d'apprendre à amplifier graduellement une expression corporelle. La démarche est le thème le plus simple à exploiter. Une fois cette notion acquise, on additionne des actions, par exemple *arroser des plantes* ou *s'affaler dans un fauteuil*. On peut aussi ajouter une phrase avec un sentiment qui sera également accentué.

Fiche 72 Les statues

Niveau : tous
Objectifs : concentration et rapidité d'exécution
Durée : 5 à 10 minutes
Participation : tous
Lieu : espace de jeu
Matériel : aucun

Déroulement

• 1re phase : le groupe marche sur scène en utilisant tout l'espace. Au signal de l'animateur, les participants s'immobilisent en statues.
• 2e phase : en s'arrêtant, chaque participant dit une phrase ou un mot qui lui passe par la tête.
• 3e phase : l'animateur énonce un sentiment que les participants interprètent en marchant. Au signal, ils s'immobilisent en gardant l'émotion sur leur visage et dans leur posture. La plus grande difficulté consiste à ne pas modifier ni intensifier l'émotion au moment de se figer.
• 4e phase : le groupe d'apprenants s'immobilise puis repart ensemble sans aucune intervention de la part de l'animateur. Quand il le désire, un participant s'arrête ; aussitôt, le groupe s'immobilise. L'animateur vérifie qu'aucun code ou signal ne se transmette dans le groupe.

Remarque

Il est important de faire comprendre aux apprenants que dans cet exercice, s'immobiliser, c'est créer une tension dans l'arrêt du mouvement. Cela donne une impulsion dans la reprise de l'action.

Fiche 73 — À la suite

Niveau : tous
Objectif : clarté de l'expression corporelle
Durée : 10 à 15 minutes
Participation : par groupe de 4
Lieu : espace scénique
Matériel : aucun

Déroulement

Sur scène, un apprenant représente une action de manière figée. Un second apprenant complète cette action en s'immobilisant à son tour. Le troisième intervient sur l'action du second et le quatrième sur celle du troisième. Le premier observe alors la situation dans son ensemble et réagit sur l'action du quatrième. On continue ainsi pendant deux ou trois tours.

Remarque

Cet exercice incite à faire de constantes propositions pour faire évoluer une situation. Pour que leurs actions soient compréhensibles, les apprenants doivent clarifier leur expression corporelle.

Fiche 74 — La machine infernale

Niveau : tous
Objectifs : le rythme et l'écoute
Durée : 10 minutes
Participation : tous
Lieu : espace de jeu
Matériel : aucun

Déroulement

• 1re phase : une première personne effectue un geste mécanique et répétitif accompagné d'un son afin de représenter la pièce d'une machine. Elle répète cette action tout au long de l'improvisation. Un deuxième participant vient se placer à ses côtés pour interpréter un autre élément de la machine, également à travers un mouvement et un son. L'important n'est pas tant le contact physique que l'agencement des actions. Peu à peu, le reste du groupe s'intègre jusqu'à créer un ensemble rythmique et visuel représentant la machine.

• 2e phase : au signal de l'animateur, la machine change de vitesse. On peut aussi l'éteindre et la faire redémarrer.

Remarque

Il s'agit d'un exercice d'attention et de rigueur. Pour que le rythme s'installe, chaque participant doit toujours répéter le même mouvement et le même son. Veillez à ce que le mouvement des premiers participants ne soit pas trop physique (par exemple, se baisser et se relever) car ce sont eux qui resteront le plus longtemps sur scène.

Fiche 75 La machine de groupe

Niveau : tous
Objectif : représentation visuelle d'un objet
Durée : 2 minutes par improvisation
Temps de préparation : 10 minutes
Participation : par groupe de 3 à 6
Lieu : espace de jeu
Matériel : aucun

Déroulement

Par petits groupes, les apprenants interprètent une machine connue de tous. Exemples : *un ascenseur, un four à micro-ondes, une horloge, une machine à laver, un mixeur*, etc. Chaque participant représente un élément de la machine. Le public doit être capable de reconnaître l'objet représenté.

Remarque

Cet exercice permet aux apprenants de mémoriser le vocabulaire à travers leur mémoire corporelle.

Les improvisations gestuelles

Fiche 76 La présentation gestuelle

Niveau : tous
Objectifs :
– clarté de l'expression corporelle
– faire connaissance
Durée par improvisation : 2 minutes
Participation : individuelle
Lieu : espace scénique
Matériel : aucun

Déroulement

Les élèves se présentent uniquement de manière gestuelle face au reste du groupe. On doit comprendre l'âge de la personne, ses activités favorites, ce qu'il aime et ce qu'il n'aime pas, ou toute autre information d'ordre général. Une fois l'improvisation terminée, le public s'exprime oralement sur les informations mimées.

Fiche 77 Le banc

Niveau : tous
Objectif : mimer des actions claires
Durée par improvisation : 5 minutes
Participation : individuelle
Lieu : espace de jeu
Matériel : un magazine, une chaise ou un banc

Déroulement

La scène se passe dans un parc. L'apprenant interprète un personnage qui, assis sur un banc, souhaite lire tranquillement un magazine. Il n'arrive pas à se concentrer car il est sans cesse dérangé par ce qui l'entoure. Le public doit deviner, à travers les réactions du personnage, les éléments qui viennent perturber le lecteur. Exemples : *des enfants qui jouent au ballon, un moustique, la pluie, le vent*, etc.

Remarque

Cet exercice se joue individuellement et sans paroles, mais nous autorisons les bruitages et les onomatopées.

Fiche 78 Les bras de l'autre

Niveau : tous
Objectif : expressivité des mains et des bras
Durée par improvisation : 5 minutes
Participation : en duo
Lieu : espace scénique
Matériel : un drap ou un grand manteau

Déroulement

Deux partenaires se placent l'un derrière l'autre comme indiqué sur le dessin ci-dessous. On recouvre d'un drap ou d'un large manteau la personne qui est derrière, ne laissant dépasser que ses bras, placés entre l'épaule et le coude de son camarade. La personne qui se trouve devant interprète le personnage à travers sa voix, celle de derrière effectue l'expression corporelle avec ses mains et ses bras. Pour les niveaux débutants, on propose une situation simple et connue de tous, par exemple : *un professeur face à ses élèves*. Pour les niveaux plus avancés, on propose des situations de communication telles que des discours politiques ou des discours vantant un nouveau produit.
Dans un premier temps, les gestes doivent être en accord avec le discours, ce qui demande une grande attention de la part du participant placé derrière. Ensuite, les gestes peuvent être en décalage avec les propos, ce qui ouvre un champ très large d'improvisation.

Remarque

Ce jeu permet de saisir l'importance de la gestuelle, des mouvements des mains et de la position des bras trop souvent figés.

Fiche 79 La cabine téléphonique

Niveau : intermédiaire et avancé
Objectifs :
– faire évoluer une situation
– clarté de l'expression verbale et corporelle
Durée par improvisation : 5 minutes
Participation : en duo
Lieu : espace scénique
Matériel : aucun

Déroulement

Le premier participant mime une conversation téléphonique dans une cabine publique. Le deuxième participant attend à l'extérieur. Lorsque la cabine est fermée, le premier bouge les lèvres sans émettre de son. Régulièrement, le second participant, impatient ou curieux, ouvre la porte de la cabine. On entend alors la conversation téléphonique et les éventuelles interactions avec la personne qui est à l'extérieur. Dès que la porte est refermée, la conversation est de nouveau sans paroles audibles.

Remarque

Tout comme pour l'exercice *50/50* (Fiche n° 37), cette improvisation vise à créer une cohérence entre le discours verbal et corporel. Il est important que la conversation téléphonique évolue également dans les séquences non verbales. Le signal d'ouverture et de fermeture de la porte doit être suffisamment clair et visible pour la personne située à l'intérieur de la cabine.

Fiche 80 Le doublage

Niveau : avancé
Objectifs :
– clarté de l'expression corporelle
– écoute et disponibilité
Durée par improvisation : 5 minutes
Participation : par groupe de 4
Lieu : espace scénique
Matériel : aucun

Avant le jeu

Choisir les personnages et le genre de rencontre.
Exemples : *deux amis qui ne se sont pas vus depuis longtemps, une rencontre amoureuse, une rencontre nocturne, dans la queue d'un supermarché*, etc.

Déroulement

Deux participants improvisent une scène de rencontre sans parler mais en bougeant les lèvres comme les acteurs des films muets. Dans le même temps, deux autres participants interprètent la voix des personnages depuis le public.

- Recommandations pour les acteurs muets :
  Être particulièrement expressifs
  Ne pas bouger les lèvres en même temps
  Garder un rythme relativement lent
  Entreprendre des actions claires et intelligibles
  Être à l'écoute des doubleurs
- Recommandations pour les doubleurs :
  Être attentifs au jeu des acteurs muets
  Ne parler que lorsque son personnage remue les lèvres

Remarque

Cette improvisation se joue sans préparation préalable. Aucune communication ou échange d'idées ne circule entre acteurs muets et doubleurs avant le jeu. Pendant l'improvisation, un équilibre s'installe de sorte que les propositions viennent autant de la part des doubleurs que des acteurs muets.

La voix

Une certaine prise de conscience de sa voix est nécessaire pour s'exprimer en langue étrangère. C'est en saisissant le fonctionnement de son appareil phonatoire que l'apprenant peut s'adapter aux sonorités divergentes (voir paragraphe *Exploiter ses possibilités vocales* (1re partie, chapitre 1)

À l'origine de la voix, il y a le souffle. C'est pourquoi les travaux sur la voix et la respiration sont indissociables. Ils requièrent du calme et de la décontraction, que nous conseillons d'atteindre grâce à une phase préparatoire de relaxation. Celle-ci se réalise au sol. Elle demande des tapis et une salle propre et isolée des bruits extérieurs.

L'objectif principal des activités présentées dans ce chapitre est d'acquérir une maîtrise vocale permettant de « sortir la voix » correctement et de se faire comprendre du public. En effet, le manque d'articulation et de puissance est un des problèmes majeurs du théâtre en langue étrangère. Nous travaillons, dans ce but, le placement et la propulsion de la voix pour entraîner les apprenants à parler fort sans forcer sur les cordes vocales.

Enfin, ces jeux permettent de découvrir sa voix en langue étrangère, de l'apprécier, de l'embellir et de l'utiliser correctement.

Fiche 81 Respiration abdominale

Niveau : tous
Objectifs :
– prise de conscience de sa respiration
– préparation à l'émission du son
Durée : 3 minutes
Participation : tous
Lieu : espace de jeu
Matériel : des tapis

Déroulement

La respiration abdominale peut se réaliser au sol ou debout.

• Au sol

Les apprenants sont couchés sur le dos, la tête droite, les deux mains jointes sur le ventre. Ils inspirent profondément par le nez pendant 5 secondes. Ils doivent sentir leur ventre se gonfler comme un ballon. Ils bloquent ensuite la respiration pendant 4 secondes puis expirent l'air par la bouche pendant 6 secondes, en appuyant légèrement sur le ventre de façon à vider le ballon. On refait l'exercice quatre à cinq fois.

• Debout

Les apprenants sont debout, la tête droite et les deux mains posées sur le ventre. Ils inspirent également par le nez pendant 5 secondes en imaginant que leur ventre se gonfle comme un ballon. Ils restent en apnée pendant 4 secondes puis ils expirent 6 secondes en faisant sortir un filet d'air régulier de leur bouche.

Variante

Pour mieux visualiser son souffle, nous plaçons un mouchoir en papier à quelques centimètres de la bouche au moment de l'expiration. On peut également faire le geste de sortir un fil imaginaire de sa bouche.

Remarque

Cet exercice est également utilisé par les chanteurs. Il sert à canaliser l'air qui est expulsé au moment où sortent les sons, et il permet ainsi un meilleur contrôle de la voix.

Fiche 82 — Les trois 6

Niveau : tous
Objectif : prise de conscience du souffle et de la respiration
Durée : 2 minutes
Participation : tous
Lieu : espace de jeu
Matériel : aucun

Déroulement

Les apprenants effectuent une respiration abdominale (Fiche 81) en chronométrant leur respiration.
Inspirer pendant 6 secondes.
Bloquer son souffle pendant 6 secondes.
Expirer pendant 6 secondes.
On réalisera l'exercice quatre à cinq fois maximum.

Remarque

L'exercice peut être réalisé progressivement. Le but est de prendre conscience de son souffle et surtout pas de chercher à atteindre ses limites. On arrête l'exercice si on sent sa tête tourner.

Fiche 83 Décontraction faciale

Niveau : tous
Objectif : travailler les muscles zygomatiques et les mâchoires
Durée : 5 minutes
Participation : tous
Lieu : espace de jeu
Matériel : aucun

Déroulement

• 1re phase : assis, les mains sur les genoux, les apprenants font des grimaces en émettant des sons. Le but est de découvrir tous les muscles du visage et de les faire bouger.

• 2e phase : bâiller en décontractant les mâchoires et en ouvrant tout grand la bouche, la langue vers l'intérieur. Puis faire sortir la voix de manière naturelle.

Fiche 84 Décontraction au sol

Niveau : tous
Objectifs :
– prise de conscience de sa respiration
– décontraction, retour au calme
Durée : 5 minutes
Participation : tous
Lieu : au sol
Matériel :
– des tapis
– un lecteur et de la musique douce (facultatif)

Déroulement

Les participants s'allongent sur le dos, les bras le long du corps et les yeux fermés. Ils inspirent et expirent doucement et lentement en utilisant la technique de la respiration abdominale (Fiche 81), sans exercer aucune tension, jusqu'à ce que leur respiration adopte un rythme naturel et régulier.

Remarque

L'exercice peut se prolonger avec une musique de relaxation ; de cette façon, les apprenants ajustent leur respiration au rythme de la musique.
Cet exercice constitue une introduction incontournable à tout exercice de relaxation. Si les participants n'arrivent pas à réguler leur respiration, l'animateur n'obtiendra jamais le degré de concentration et de calme nécessaire au travail sur la voix.

Fiche 85 — Apprendre à écouter en silence

Niveau : tous
Objectifs : concentration et retour au calme
Durée : 5 minutes
Participation : tous
Lieu : au sol
Matériel : des tapis

Déroulement

Les apprenants sont couchés sur le dos, les bras le long du corps et observent le plus grand silence. Les yeux fermés, ils se concentrent sur tous les sons qui les entourent : leur respiration, celles de leurs voisins et également les bruits provenant de l'extérieur.

Remarque

L'exercice demande un niveau de concentration important ; il est donc nécessaire de le réaliser dans le calme. Avec les groupes d'enfants, l'exercice peut être présenté comme une recherche de « super pouvoirs » auditifs. À la fin de l'exercice, les participants comparent les sons qu'ils ont entendus.

Fiche 86 Les boules d'énergies

Niveau : tous
Objectifs :
– décontraction et bien-être
– prise de conscience de son corps
Durée : 5 à 10 minutes
Participation : tous
Lieu : au sol
Matériel : un lecteur de musique et de la musique de relaxation

Déroulement

Les apprenants sont couchés sur le dos, les bras le long du corps et les paumes tournées vers le ciel. Ils ferment les yeux et se détendent en effectuant une respiration abdominale (Fiche 81). L'animateur met tout bas la musique de relaxation. Les participants ferment légèrement la paume de leur main droite. Au creux de leur main se forme progressivement une boule de chaleur. Partout où elle passe, elle provoque une sensation de bien-être et de détente musculaire.
D'une voix posée, l'animateur décrit le trajet de cette énergie à travers les différentes parties du corps. La boule commence par monter doucement par l'avant-bras, passe par le coude, puis remonte jusqu'à l'épaule en réchauffant progressivement tout le bras droit. Elle arrive ensuite jusqu'au cou, monte vers le menton puis doucement réchauffe les lèvres, les joues, le nez, les yeux et le front jusqu'au cuir chevelu. La boule redescend ensuite en passant par le crâne puis par la nuque, atteint l'épaule gauche, descend toujours jusqu'à se loger dans la main gauche. Elle repart ensuite en direction du cou, descend vers la poitrine, passe par le ventre et les jambes en s'arrêtant sur les cuisses et les genoux. Arrivée tout au bout des doigts de pied, elle abandonne le corps et disparaît.

Remarque

La voix de l'animateur est posée et ses indications suffisamment espacées pour laisser le temps aux apprenants de ressentir les sensations et les déplacements de la boule de chaleur. Attention également au volume de la musique qui ne doit pas couvrir la voix de l'animateur. Pour les débutants en langue étrangère, il est conseillé de faire une révision du vocabulaire du corps avant de commencer l'exercice. Quand la relaxation est terminée, les apprenants doivent prendre leur temps pour se relever, afin d'éviter les vertiges : ils restent un moment au sol puis passent de la position assise à la position accroupie. Enfin, ils se relèvent doucement en dépliant lentement les genoux puis le dos et terminent toujours par la tête.

Variante

Faire circuler une boule de chaleur (feu) à partir de la main droite et de fraîcheur (glace) à partir de la main gauche. Puis équilibrer les deux énergies en les faisant se rencontrer au niveau de la poitrine.

Fiche 87 La fleur

Niveau : tous
Objectifs :
– prise de conscience de sa respiration
– émettre un son
– écoute et concentration
– exprimer un ressenti
Durée : 1 minute par personne
Participation : tous
Lieu : espace de jeu
Matériel : un cerceau ou une corde

Avant le jeu

Placer un cerceau sur scène ou disposer une corde en cercle.

Déroulement

Un participant se place dans le cerceau et ramasse une fleur imaginaire. En la sentant, il prend une longue inspiration. Il bloque sa respiration un temps puis expulse l'air avec un *A !!!* de bonheur, tout en sautant en l'air et en levant les bras. Tous les autres participants l'imitent, sans anticiper ses mouvements, et sont à l'écoute afin d'émettre le cri de joie juste après lui.

Variante

Remplacer la fleur par des chaussures qui sentent mauvais. On exprimera alors un *A !!!* de dégoût.

Fiche 88 — Le couloir

Niveau : tous
Objectifs :
– propulsion de la voix
– crescendo et decrescendo
Durée : 2 minutes
Participation : en duo
Lieu : un couloir ou une grande salle
Matériel : aucun

Déroulement

• 1re phase : deux apprenants se placent face à face à un mètre l'un de l'autre et commencent un dialogue. Toutes les deux secondes, ils reculent d'un pas en arrière. Plus ils s'éloignent, plus ils parlent fort, sans jamais crier ni forcer sur les cordes vocales.

• 2e phase : arrivés à une certaine distance (10 à 15 mètres), ils reviennent sur leurs pas et parlent de moins en moins fort.

Remarque

Cet exercice de propulsion est un excellent entraînement pour travailler sur le texte, mais il peut également se faire en improvisation.

Fiche 89 — Obstacle sonore

Niveau : tous
Objectif : propulsion de la voix
Durée : 5 minutes
Temps de préparation : 5 minutes
Participation : tous
Lieu : espace de jeu
Matériel : aucun

Avant le jeu

Écrire sur des fiches les phrases que les participants devront dire.
Exemples :
Le pot de peinture rose est plein à ras bord.
Il sera trois heures quand la cloche sonnera trois coups.
Le saucisson est aussi bon qu'à Sisteron !

Déroulement

• 1re phase : au centre de la salle, un groupe d'apprenants fait du bruit. Deux participants se font face, à trois mètres de part et d'autre du groupe. Ils prononcent chacun leur tour leur phrase avec un volume sonore suffisant pour être entendu par l'autre. L'objectif est de couvrir avec sa voix le bruit du groupe, sans crier et en utilisant la respiration abdominale.

• 2e phase : on recommence l'exercice mais le groupe du centre ne fait plus de bruit. Les deux participants continuent néanmoins à projeter leur voix de la même façon que dans la première phase.

Remarque

Cet exercice est particulièrement bruyant. Pour ne pas déranger les classes voisines, nous le réalisons de préférence à l'extérieur ou dans une salle bien isolée.

Fiche 90 Les miroirs sonores

Niveau : tous
Objectifs :
– placer sa voix
– prise de conscience du souffle
– concentration et écoute
Durée : 5 minutes
Participation : tous
Lieu : espace de jeu
Matériel : aucun

Déroulement

Le groupe est placé en cercle. Un apprenant effectue une respiration abdominale (voir Fiche 81). Au moment d'expirer, il émet le son [y] pendant 8 secondes en direction d'une personne de son choix. L'apprenant qui « le reçoit » prend instantanément une inspiration, pivote comme un miroir et renvoie le même son vers une autre personne. Le son circule ainsi entre tous les membres du groupe.

Remarque

Il s'agit d'un jeu de concentration et d'écoute qui permet de visualiser sa voix afin de la projeter dans une direction prédéfinie. Si un apprenant ne dirige pas le son vers un point suffisamment précis, personne ne le recevra et il ne pourra donc pas être relayé dans le groupe.

Fiche 91 La cible

Niveau : tous
Objectif : placer sa voix
Durée : 5 minutes
Participation : individuelle
Lieu : espace de jeu
Matériel : aucun

Déroulement

• 1re phase : à tour de rôle, les participants expulsent le son [y] en direction d'un point précis, au moment d'expirer. L'émission du son sera plus ou moins longue en fonction de la distance qui sépare l'apprenant de la cible. Si la cible est proche du plafond, le son sera aigu ; par contre, si elle est située vers le plancher, il sera grave. Après chaque passage, les autres participants tentent de découvrir quelle était la cible visée.

• 2e phase : la cible se trouve face à l'apprenant. Pour l'atteindre, il doit contourner des obstacles imaginaires avec sa voix. Le premier obstacle est une feuille de papier, le deuxième une petite barrière, le troisième une porte, le quatrième un mur, le cinquième un immeuble.

• 3e phase : réaliser le même exercice avec des phrases.

Fiche 92 Imitations sonores

Niveau : tous
Objectifs :
– coordination et écoute
– création et reproduction d'une atmosphère sonore
– faire travailler son imagination
Durée par improvisation : 10 minutes
Temps de préparation : 5 minutes
Participation : tous
Lieu : espace de jeu
Matériel : aucun

Déroulement

Les apprenants se placent face à face sur deux rangées. Le premier groupe crée une ambiance sonore. Pour ce faire, chacun émet un son différent de manière répétitive. Après avoir écouté attentivement, le deuxième groupe reproduit l'ambiance sonore le plus fidèlement possible. Chaque apprenant imite le son produit par le compagnon qui est face à lui.

Exemples :
– les sons d'ambiance : *la forêt, la mer, la rue, l'usine*
– les quatre éléments : *un feu de cheminée, la pluie contre une vitre, les pas dans la neige, le vent dans la forêt*
– les sons d'une carte postale : *les chutes du Niagara, la campagne normande, au sommet de l'Éverest, dans la garrigue...*

Variante

Même exercice avec les bruits de la ferme ou de la savane. Chaque apprenant choisit le son d'un animal. On peut travailler sur les différentes interprétations. Exemple : le coq fait *cocorico* en France, *quiquiriqui* en Espagne et *cock-a-doodle-do* en Angleterre.

Remarque

Grâce à cet exercice, les apprenants comprennent que chaque voix est unique. Il est donc impossible de la reproduire à la perfection. Par contre, avec suffisamment de concentration, le groupe peut imiter l'ensemble des sons de manière très ressemblante.

L'improvisation

Les jeux d'improvisation favorisent le développement de l'imagination et de la créativité. Ils peuvent se réaliser sur le vif ou après un temps limité de préparation. En improvisant sur scène, les apprenants sont constamment à l'écoute les uns des autres. Un partage de la parole est également nécessaire. Pour se faire comprendre, il ne faut pas parler en même temps, ni réaliser plusieurs actions simultanées sur scène.

Les apprenants débutants en langue étrangère manquent souvent de vocabulaire pour improviser. Bien qu'elles soient davantage destinées aux niveaux intermédiaires et avancés, la plupart des improvisations peuvent se jouer avec peu de mots et beaucoup d'expression corporelle, ce qui convient parfaitement aux niveaux débutants. Il est souvent intéressant de proposer des improvisations en bilingue. Dans ce cas, une personne s'exprime en français et l'autre répond en langue maternelle.

Pour les improvisations qui comportent un temps de préparation, les apprenants doivent se mettre d'accord dans le temps qui a été imparti. Ils définissent ensemble leurs personnages et les relations qu'ils ont entre eux, la trame générale de l'histoire et le lieu où se déroule l'action. Ils définissent également les positions et les déplacements afin de clarifier l'expression corporelle. Mais une fois sur scène, tout ne se passe pas comme prévu ! Et heureusement, car sinon ce ne serait plus de l'improvisation. Les apprenants doivent rester constamment à l'écoute et réagir de façon immédiate aux changements. Ils ne doivent en aucun cas s'arrêter de jouer pour indiquer à un camarade de faire ceci ou de dire cela.

Pour les improvisations non préparées, chaque apprenant apporte un élément pour construire l'histoire ou la situation. Les participants sont à la fois émetteurs et récepteurs de propositions, ce qui leur demande un fort engagement et une écoute constante. La difficulté réside dans le fait de se faire comprendre tout en gardant un jeu naturel. Les improvisations sur le vif manquent parfois de structure et ont tendance à s'éterniser. Cela peut devenir ennuyeux si les acteurs ne savent pas eux-mêmes où ils vont. Pour éviter ce problème, ils doivent assez rapidement faire avancer l'histoire vers une chute intéressante. Celle-ci peut avoir différentes formes : spectaculaire, inattendue, comique, tragique, en suspens, l'important est de trouver un dénouement qui soit clair aux yeux des spectateurs.

Vous trouverez d'autres improvisations dans la première partie du livre, classées par niveaux et objectifs pédagogiques. Voir fiches n° 4, 5, 8, 9, 10, 13, 14, 15, 16, 17, 18, 23, 32, 33, 34, 37, 39, 40, 41, 42, 43, 44, 45, 46 et de la fiche 48 à la fiche 60.

Fiche 93 Les trois lieux

Niveau : tous
Objectifs :
– création de personnages variés
– développement de l'imagination et de la créativité
– prendre en compte le lieu comme élément d'improvisation
Durée par improvisation : moins d'1 minute
Temps de préparation : 2 minutes par improvisation
Durée totale : 15 minutes
Participation : 3, 6 ou 9 personnes
Lieu : espace scénique
Matériel : aucun

Avant le jeu

Les apprenants forment trois groupes.
Définir trois espaces sur la scène correspondant à trois lieux.
Exemples de lieux : *dans un taxi, chez le coiffeur, chez un commerçant, chez soi* (choisir une pièce), *au travail, dans la forêt, à la montagne, sur un bateau, sur une île déserte*, etc.

Déroulement

Chaque groupe se place sur un espace. Ils ont 1 à 2 minutes pour préparer une improvisation. Celle-ci dure environ 30 secondes et se déroule dans le lieu représenté par l'espace où ils se trouvent.
Exemple : 1er espace : *sur une île déserte* ; 2e espace : *dans un taxi* ; 3e espace : *dans une cuisine*.
Lorsque le premier groupe joue « sur une île déserte », les deux autres groupes représentent déjà la première image de leur propre scène et sont donc prêts à commencer. Puis le 2e groupe joue la scène se déroulant « dans un taxi ». Enfin, le 3e groupe interprète la scène « dans la cuisine ». Pendant ce temps, les groupes qui sont déjà passés restent sur la dernière image de leur scène.
Quand tous les groupes sont passés, ils se déplacent dans le sens des aiguilles d'une montre. Après un nouveau temps de préparation, ils interprètent une improvisation en rapport avec ce second lieu, sans reprendre les propositions des autres groupes et en changeant les personnages. Le jeu s'arrête quand chaque groupe a interprété sa version des trois espaces.

Fiche 94 Tranches de vie

Niveau : intermédiaire et avancé
Objectif : capacité d'improvisation
Durée : 5 à 10 minutes
Temps de préparation : 10 à 15 minutes
Participation : 6 à 9 personnes
Lieu : espace scénique
Matériel : aucun

Avant le jeu

Définir trois espaces sur la scène correspondant à trois lieux, comme dans l'exercice *Les trois lieux* (Fiche 93).

Déroulement

Trois équipes d'apprenants se placent sur les trois espaces de la scène. Le premier groupe commence son improvisation. Au signal de l'animateur, tous se figent en statues et un autre groupe débute sa scène. L'animateur zappe ainsi entre les trois histoires jusqu'à leur dénouement.

Remarque

La télécommande peut être donnée à un apprenant. Il est intéressant de créer une tension chez les acteurs en coupant la scène dans les moments de suspense ou au commencement d'une action gestuelle.

Fiche 95 Le diaporama

Niveau : intermédiaire et avancé
Objectif : création d'une histoire imagée
Durée par improvisation : 5 à 10 minutes
Temps de préparation : 15 minutes
Participation : tous
Lieu : espace scénique
Matériel : aucun

Déroulement

Un participant raconte une histoire sur un thème ou un lieu donné. Pendant ce temps, les autres apprenants se positionnent en statues représentant les moments importants de l'histoire. Ils changent de position à chaque fois que le narrateur dit *clac*.

Remarque

Les apprenants doivent prendre le temps de définir les positions et expressions à adopter pour chaque diapositive afin d'optimiser la compréhension de l'histoire. Cet exercice peut servir de base pour créer un spectacle de contes accessible à un public débutant en langue étrangère, grâce à ses illustrations visuelles.

Fiche 96 Le trou

Niveau : intermédiaire
Objectif : faire de nouvelles propositions
Durée : 10 minutes
Temps de préparation : 2 minutes
Participation : 4 personnes ou plus
Lieu : espace scénique
Matériel : aucun

Avant le jeu

Définir la relation que les personnages ont entre eux : *amis, collègues, famille*, etc.

Déroulement

Le premier participant est seul sur scène et interprète un personnage qui réalise des travaux dans sa salle de bains. Lorsqu'il perce le mur, un puissant jet d'eau sort du trou. Il le bouche avec ses deux mains et appelle à l'aide une personne du public qui monte alors sur scène. Le premier participant cherche à la convaincre de le remplacer un moment car il veut trouver une solution pour éviter l'inondation. Lorsque celle-ci accepte, l'autre s'en va. Le nouveau personnage appelle à son tour quelqu'un du public et ainsi de suite.

Remarque

Demander aux apprenants de varier les propositions pour convaincre.
Pour éviter qu'un seul apprenant ne reste toujours collé au trou, expliquer que le jeu est de se laisser convaincre. Cet exercice demande un effort de visualisation car le trou est censé rester au même endroit, même si les personnages tournent. Les apprenants retransmettent par leur attitude corporelle la force du jet.

Fiche 97 La transformation

Niveau : avancé
Objectif : interprétation d'un changement de comportement progressif
Durée : 5 à 10 minutes
Temps de préparation : 2 minutes
Participation : 5 personnes maximum
Lieu : espace scénique
Matériel : une grande table, autant de chaises que de participants

Avant le jeu

Définir le type de repas et les relations entre les personnages. Chaque participant choisit secrètement un animal.

Déroulement

La scène se déroule lors d'un repas en groupe (repas de famille, d'affaires, repas dans une maison de retraite, etc.). Au début de la scène, les personnages sont assis autour de la table. Petit à petit, tous les convives vont acquérir des comportements animaux jusqu'à se transformer complètement.

Remarque

Il est très important que cette métamorphose ait lieu progressivement. Tous les invités ne se transforment pas au même rythme ni de la même façon. L'intérêt ne réside pas dans le fait de jouer des animaux mais dans le fait de vivre une métamorphose lente et graduelle. Par exemple, une femme « habitée » par un chat peut commencer par se recoiffer avec des mouvements félins, puis s'étendre délicatement jusqu'à lécher son assiette ou fuir le chien qui est à côté d'elle. On peut exploiter les réactions de surprise ou de gêne provoquées par ces changements, les jeux de regard, l'antagonisme entre les différents animaux, et chercher les nouvelles attitudes corporelles.

Variante

Une fois la métamorphose achevée, l'animateur émet un signal et les personnages vivent l'expérience inverse. Ils retrouvent petit à petit leurs comportements humains jusqu'à retrouver l'usage de la parole et s'exprimer sur ce qui vient de se passer. Ce processus est à interpréter tout aussi progressivement que le premier, chacun suivant son propre rythme.

Fiche 98 La chaise personnage

Niveau : intermédiaire et avancé
Objectif : jouer sans partenaire
Durée par improvisation : 2 à 5 minutes
Participation : individuelle
Lieu : espace scénique
Matériel : une chaise

Avant le jeu

Choisir le personnage représenté par la chaise.
Exemples : *une mère, un père, un enfant, un bébé, un(e) ami(e), un(e) amoureux(euse), un ennemi,* etc.

Déroulement

Le participant est seul sur scène. Il joue une situation de son choix en prenant la chaise comme interlocuteur. Au cours de l'improvisation, on comprend grâce à son comportement envers la chaise qui elle représente. La scène peut être muette ou parlée.

Après le jeu

Le public devine qui est le personnage représenté.

Remarque

Il ne s'agit pas d'imaginer un personnage invisible assis sur une chaise mais de jouer réellement avec l'objet comme s'il s'agissait du personnage.

Variante

L'improvisation peut être réalisée avec d'autres objets.
Exemples : *un lampadaire, un sac* ou encore *un ballon.*

Fiche 99 Le traducteur

Niveau : intermédiaire et avancé
Objectifs :
– se faire comprendre
– traduire et résumer un propos
Durée par improvisation : 5 minutes
Temps de préparation : 5 à 10 minutes
Participation : en duo
Lieu : espace scénique
Matériel : aucun

Avant le jeu

Définir les personnages et le thème de la conférence.

Déroulement

La scène se déroule lors d'une conférence. Un apprenant joue un invité et un autre son traducteur. L'animateur définit au préalable le type de « langage » de l'invité :

• 1re phase : l'intervenant ne parle qu'avec des voyelles (et/ou des voyelles nasales : [ɛ̃] de *chem**in***, [ɔ̃] de ***bonbon***, [ɑ̃] de *bl**an**c*).
• 2e phase : il ne parle qu'avec des consonnes.
• 3e phase : il s'exprime avec des chiffres.
• 4e phase : il parle une langue imaginaire.

Remarque

Cet exercice permet une approche ludique de la phonétique et du non verbal. L'important est que les apprenants transmettent une intention, qu'ils arrivent à s'exprimer sans être bloqués par le langage. Pour cela, ils font appel à la gestuelle, aux mimiques, aux intonations, au rythme des « phrases », etc. Il s'agit également d'un travail d'écoute entre les deux élèves-acteurs. L'intervenant pense à faire des pauses fréquemment pour laisser la parole au traducteur. Ce dernier peut bien sûr jouer sur le décalage pour créer un effet comique.

Fiche 100 — Insertion de phrases

Niveau : avancé
Objectif : capacité d'improvisation
Durée par improvisation : 10 minutes
Temps de préparation : 15 minutes
Participation : 5 personnes maximum
Lieu : espace scénique
Matériel :
– une table et des chaises
– fiches cartonnées

Avant le jeu

Choisir le thème de l'émission télévisée.
Écrire des phrases courtes sur les fiches et les placer sur la table, face cachée.
Exemples : *Je n'aime pas le café froid.*
Votre pizza chez vous, en moins d'une demi-heure !
Je veux partir au bout du monde.
Avez-vous rencontré le prince charmant ?
Liberté, égalité, fraternité

Déroulement

Un apprenant joue l'animateur d'une émission télévisée, les autres interprètent les invités. Au signal du professeur, la personne qui a la parole pioche un des papiers placés sur la table. Sans s'arrêter de parler, il intègre à son discours la phrase écrite sur la fiche, avec le plus de logique et de rapidité possible. Puis une autre personne prend la parole et, au signal du professeur, pioche à son tour une fiche. L'improvisation se termine lorsque toutes les fiches ont été utilisées.

Remarque

Le but de l'exercice est de créer rapidement un lien logique entre son discours et la phrase insérée. Pour que le public suive l'évolution du raisonnement, il est capital que l'apprenant continue de parler au moment où il pioche la fiche.

Fiche 101 Les jeux de la scène et du hasard

Niveau : avancé
Objectifs :
– capacité d'improvisation
– clarté de l'expression orale et corporelle
Durée par improvisation : 3 minutes
Temps de préparation : 25 minutes
Participation : par groupe de 3
Lieu : espace scénique
Matériel : fiches cartonnées

Avant le jeu

• Distribuer une fiche vierge à tous les apprenants.
• Chacun écrit en secret un personnage, plie le papier et le donne à l'animateur.
• Procéder de nouveau à la distribution de fiches vierges.
• Un tiers des participants écrit un lieu, un autre une action et un dernier un moment.
• L'animateur sépare les fiches selon leur type et les pose sur une table.

Exemples de fiches :
– Personnages : *une femme âgée, Cléopâtre, un acteur de cinéma*
– Lieux : *à la piscine, dans le désert*
– Actions : *marcher, pleurer, draguer, se disputer*
– Moments : *le jour de l'An, à la préhistoire, dans le futur*

Déroulement

Les participants forment des groupes de 3 ou 4. Une personne du groupe pioche un lieu, un moment, une action et autant de fiches personnage que de participants. Le temps de préparation est de 15 minutes maximum. L'objectif est de jouer la scène en intégrant toutes les informations. Durant l'improvisation, il est interdit de prononcer les mots écrits sur les fiches.

Après le jeu

Le public doit deviner qui étaient les personnages, quel était le lieu, l'action principale et le moment où se déroulait la scène.

Remarque

Cet exercice est idéal pour travailler autour de la structure scénaristique d'une improvisation mais demande un temps important de préparation.

Fiche 102 — Le relais

Niveau : avancé
Objectifs :
– capacité d'improvisation
– disponibilité et écoute
– faire de nouvelles propositions
Durée : 10 minutes
Temps de préparation : 5 minutes
Participation : tous
Lieu : espace scénique
Matériel : aucun

Déroulement

Deux ou trois apprenants improvisent une scène à partir d'un thème ou d'un genre (exemples : *comédie, drame, horreur*, etc.). Lorsqu'une personne du public souhaite intervenir, elle tape dans ses mains et les acteurs s'immobilisent immédiatement. Cette personne remplace alors un des acteurs sur scène en adoptant sa position figée. L'animateur tape deux fois dans ses mains et l'improvisation continue en prenant une nouvelle impulsion.

Remarque

Cet exercice est idéal pour encourager la participation. Il montre également les baisses de rythme dans l'histoire et permet d'y remédier. La difficulté est de faire évoluer la scène dans un même sens malgré les propositions des divers acteurs.

Les émotions

L'interprétation des émotions constitue une étape importante dans la formation de l'élève-acteur. Pour donner vie à son personnage et aller à sa rencontre, l'apprenant a besoin d'explorer ses propres sentiments. Nous rejoignons dans ce sens l'enseignement de C. Stanislavski, qui donne comme objectif de vivre les émotions au lieu de les copier via des artifices et des clichés. Il s'agit là d'un enseignement très riche mais difficilement applicable à notre public. Notre but est davantage d'initier au théâtre en langue étrangère que d'entrer dans les subtilités de la formation d'acteur professionnel. Nous proposons simplement aux apprenants d'explorer leurs sentiments sans tomber dans les caricatures et les stéréotypes.

Ces exercices permettent d'intérioriser le vocabulaire de la langue étrangère à travers le ressenti. Par exemple, la notion abstraite du verbe « aimer » gagne en sens lorsqu'elle est interprétée sur scène. Fréquemment, on remarque chez les adolescents un besoin d'exprimer des émotions enfouies ou accumulées. Vivre une émotion est très positif, mais l'apprenant doit, pour la maîtriser, connaître ses limites et faire la différence entre sa propre vie et le théâtre. Une fois l'exercice terminé, si l'émotion a été vécue intensément, nous demandons aux apprenants de secouer leurs mains et leurs bras pour s'en libérer.

Fiche 103 L'attrape-émotion

Niveau : tous
Objectifs : disponibilité et transmission des émotions
Durée : 5 à 10 minutes
Participation : tous
Lieu : espace de jeu
Matériel : trois chaises

Déroulement

L'animateur dit discrètement une émotion différente à deux participants. Exemple : *colère* à l'un et *peur* à l'autre. Le groupe marche sur l'aire de jeu. Ceux qui ont reçu la consigne jouent leur émotion et la transmettent dans le groupe en touchant l'épaule d'une autre personne.

Remarque

Cet exercice permet aux apprenants de se rencontrer et est également un excellent moyen pour initier le travail sur les émotions, en groupe.

Fiche 104 La rencontre

Niveau : tous
Objectifs : exprimer et transmettre une émotion
Durée par improvisation : 5 minutes
Temps de préparation : 2 minutes
Participation : en duo
Lieu : espace scénique
Matériel : aucun

Avant le jeu

Imaginer les personnages et leur type de relation.
Définir le contexte et le lieu de la rencontre.

Déroulement

Par groupe de deux, les participants proposent une courte improvisation sur le thème de la rencontre, laissant paraître à chaque fois une émotion différente. Exemples : *des retrouvailles avec un ami d'enfance ; un couple qui se retrouve après une séparation ; deux ennemis au travail ; deux amoureux dans un parc*, etc. Les participants entrent en scène chacun par un côté et se retrouvent au milieu.

Remarque

On s'intéressera davantage à ce que la rencontre provoque au niveau émotionnel qu'au dialogue en lui-même. L'improvisation peut d'ailleurs se jouer sans paroles.

Fiche 105 — Lecture multiple

Niveau : avancé
Objectifs : exprimer et transmettre une émotion
Durée : 1 minute par lecture
Participation : individuelle
Lieu : espace scénique
Matériel : un texte

Avant le jeu

Choisir un texte court ou un extrait le plus neutre possible.
Exemples : *un fait divers, une facture d'électricité, un mode d'emploi*, etc.

Déroulement

L'animateur lit une première fois un passage du texte. Il invite ensuite les apprenants à lire le même passage, mais en y mettant une intention ou une émotion particulière. Exemples : *joie, tristesse, colère, peur, souci, emphase, dédain, ennui*, etc. En plus de l'intonation, l'apprenant peut s'aider de mimiques, d'attitudes corporelles, de silences, de regards, d'onomatopées ou de courts commentaires.

Remarque

Fernandel nous offre une très belle illustration de cet exercice dans *Le Schpountz*, de Marcel Pagnol. En langue étrangère, on peut insister sur le rythme de la phrase, l'importance de la ponctuation, la valeur des silences, etc. L'objectif est de vivre le texte pour soi et de transmettre une émotion au public indépendamment de ce que l'on dit.

Variante

Un apprenant lit le texte et au signal de l'animateur passe d'une émotion à une autre.

Fiche 106 Le masque

Niveau : tous
Objectif : transmettre une émotion par le regard
Durée : indéterminée
Participation : individuelle
Lieu : espace de jeu
Matériel : un masque neutre (on peut également découper une feuille de papier avec deux trous pour les yeux)

Déroulement

Les uns après les autres, les apprenants mettent le masque sur leur visage et cherchent à transmettre une émotion sans faire aucun mouvement et en prenant tout leur temps. Le reste du groupe regarde attentivement les yeux du participant afin de découvrir l'émotion dont il s'agit.

Remarque

Cet exercice est difficile mais très formateur pour l'élève-acteur. Privé de son expression faciale et corporelle, il ne peut pas « représenter » mais doit ressentir l'émotion. Cette dernière est alors vue par le public comme une petite étincelle dans les yeux de l'apprenant.

Fiche 107 Le passage des émotions

Niveau : tous
Objectifs : – sincérité du jeu
– changer progressivement d'émotion
Durée par passage : 2 à 5 minutes
Participation : individuelle
Lieu : espace scénique
Matériel : une corde

Séparation de l'espace scénique

L'espace scénique est divisé en deux parties séparées par une corde. On définit un côté comme celui de la joie et l'autre, de la tristesse. Une chaise est placée au milieu et correspond à l'espace intermédiaire : celui de la découverte, de la curiosité.

Déroulement

Un participant entre dans l'espace joie en jouant l'émotion. Puis son attention est attirée par quelque chose placé sur la chaise ou matérialisé par la chaise. Il se place alors devant la chaise, un pied de chaque côté de la corde. C'est l'espace neutre, ni joyeux ni triste. À partir du moment où ses deux pieds se trouvent dans l'espace tristesse, il interprète cette nouvelle émotion jusqu'à sortir de la scène.

Après le jeu

Une fois l'improvisation terminée, le public cherche à deviner l'élément déclencheur qui a fait passer leur camarade d'un espace à l'autre. Celui-ci n'est pas obligé de donner la réponse, ce jeu pouvant être vécu de façon très personnelle.

Variante

Choisir d'autres émotions antagonistes comme : *la peur/la confiance, la colère/la sérénité*, etc. On peut également demander aux apprenants de faire un aller-retour. Par exemple, de commencer par la joie, de basculer dans la tristesse, puis de revenir à la joie.

Remarque

La difficulté de cet exercice est de bien respecter la séparation de l'espace. Une corde ou une marque à la craie aident visuellement les apprenants à s'y retrouver. L'animateur met en garde les apprenants contre la tentation de la caricature ou des codes préconçus (exemples : *se cacher les yeux pour pleurer* ou *se placer dos au public*). Au contraire, il est intéressant de rechercher la sincérité et le ressenti.

Fiche 108 Les cartes des émotions

Niveau : tous
Objectifs : graduation et justesse d'une émotion
Durée par passage : 2 minutes
Temps de préparation : 2 minutes
Participation : individuelle
Lieu : espace scénique
Matériel : 6 cartes numérotées de 1 à 6

Déroulement

Avant de monter sur scène, l'élève-acteur choisit un des sentiments suivants : *la joie, la tristesse, la colère* ou *la peur*. L'animateur lui fait tirer, en secret, une des cartes marquées de 1 à 6. Cette carte indique le degré d'intensité du sentiment à jouer. Un 1 en tristesse correspond ainsi à un tout petit chagrin, tandis qu'un 6 correspond au désespoir. La scène se joue sans paroles. Une fois l'improvisation terminée, les apprenants du public donnent leur avis sur le numéro de la carte.

Variante

L'animateur peut inviter deux élèves à monter sur scène simultanément. Ils choisissent la même émotion, mais tirent un degré d'intensité différent. La scène est toujours muette mais permet des interactions et des éléments de comparaison.

Fiche 109 La piscine

Niveau : tous
Objectif : recherche d'un ressenti
Durée : 5 à 10 minutes
Participation : par groupe de 3
Lieu : espace scénique
Matériel : trois chaises, un lecteur audio et de la musique de relaxation

Avant le jeu

Définir la température de l'eau.

Déroulement

Les participants se placent debout sur un lieu élevé (chaises ou tables), situé en fond de scène. Ils sont au bord d'une piscine et entrent lentement dans l'eau en appréciant la température. Une fois à l'intérieur, chacun évolue en fonction de son ressenti. Lorsqu'ils le désirent, et pour terminer le jeu, ils remontent à la surface.

Remarque

Il ne s'agit pas de « faire » ou de « représenter » quelque chose, mais de rechercher individuellement une sensation et d'adapter sa façon de se mouvoir à l'élément eau. Une musique lente et sans paroles aide les apprenants à entrer dans le jeu. On utilisera, par exemple, la musique d'Éric Serra, du film *Le grand bleu*.

Variante

Proposer le même exercice dans la mer ou dans une baignoire. L'eau peut également être remplacée par de la boue, du chocolat ou tout autre élément liquide.

Fiche 110 Dominant/dominé

Niveau : avancé
Objectif : changement de comportement
Durée : 5 minutes
Temps de préparation : 5 minutes
Participation : en duo
Lieu : espace scénique
Matériel : une corde pour séparer l'espace

Séparation de l'espace scénique

L'espace scénique est divisé en deux parties séparées par une corde. À gauche du public, c'est l'espace de la domination. À droite, c'est celui de la soumission. Le centre – un pied de chaque côté de la corde – correspond à l'espace intermédiaire : un rapport neutre.

Avant le jeu

Les deux participants choisissent leurs personnages et une situation conflictuelle. Exemples : *relation de couple, frère/sœur, parent/enfant, professeur/élève, policier/automobiliste*, etc.

Déroulement

Pour que l'improvisation commence, un participant se place du côté dominant et un autre du côté dominé. Quand l'animateur tape dans ses mains, les deux élèves-acteurs changent d'espace, tout en gardant leur personnage. Par exemple, dans le couple enfant/parent, si la mère était dominante au début de la scène, la relation de force s'inverse. La mère passe à droite et l'enfant à gauche. C'est donc lui qui sera dominant, jusqu'au prochain signal du professeur.
Chaque apprenant n'interprète qu'un seul rôle. C'est le comportement de son personnage qui change en fonction de l'espace où il se trouve. L'animateur lance le signal au milieu d'une phrase pour favoriser la transition.
Exemple :
1) **La mère** espace de gauche : dominante : *Je t'interdis d'aller à cette fête...*
SIGNAL
2) **La mère** passe à l'espace de droite : dominée : *Parce que, parce que, tu comprends, ce n'est pas possible...*

Remarque

S'il désire terminer par une réconciliation, l'animateur demande aux deux élèves-acteurs de se placer au centre, un pied de chaque côté de la corde. Les person-

nages sont alors sur un pied d'égalité. Il se passe la même chose si l'on place les deux participants dans l'espace dominé.
Comme pour toute improvisation, il est important de s'écouter et de se partager le temps de parole. Un personnage dominé a aussi son mot à dire et il doit s'exprimer de façon audible, tout en gardant une intonation appropriée.

Bibliographie

Pédagogie du théâtre

BALAZAR, Sophie ; GENTET RAVASCO, Élizabeth. *Le théâtre à l'école, techniques théâtrales et expression orale.* Paris, Hachette Éducation, 2003

BOAL, Augusto. *Jeux pour acteurs et non acteurs – Pratique du théâtre de l'opprimé.* Paris, La Découverte, 2004

CHÂLES, Jean-Louis. *Impros en scène – 350 sujets d'improvisation.* Nice, Éd. de la Traverse 1999

CORMANSKI, Alex. *Techniques dramatiques : activités d'expression orale.* Paris, Hachette FLE, 2005

HAYDÉE, Silva. *Le jeu en classe de langue.* Paris, Clé International, 2008

HÉRIL, Alain ; MÉGRIER, Dominique. *60 exercices d'entraînement au théâtre à partir de 8 ans.* Paris, Retz, 2001

HÉRIL, Alain ; MÉGRIER, Dominique. *Techniques théâtrales pour la formation d'adultes.* Paris, Retz, 1999

HINGLAIS, Sylvaine. *Enseigner le français par des activités d'expression et de communication.* Paris, Retz, 2001

LECOQ, Jacques. *Le corps poétique – Un enseignement de la création théâtrale.* Arles, Acte Sud Papiers, 1997

MORRISON, Catherine. *35 exercices d'initiation au théâtre, vol 1 : Le corps.* Arles, Acte Sud Junior, 2000

MORRISON, Catherine. *35 exercices d'initiation au théâtre, vol 2 : La voix, le jeu.* Arles, Acte Sud Junior, 2000

PIERRA, Gisèle. *Une esthétique théâtrale en langue étrangère.* Paris, L'Harmattan, 2001

RYNGAERT, Jean-Pierre. *Jouer, représenter : pratiques dramatiques et formation.* Paris, Cedic-Nathan, 1985

STANISLAVSKI, Constantin. *La formation de l'acteur.* Paris, Payot, coll. « Petite Bibliothèque Payot », 1963, nouvelle éd. 2001

WEISS, François. *Jouer, communiquer, apprendre.* Paris, Hachette, coll. « Pratique de classe », 2002

Corpus de textes de théâtre

HINGLAIS, Sylvaine. *Pièces et dialogues pour jouer la langue française*. Paris, Retz, 2004

LAGRANGE, Sophie. *Mille ans de contes, Théâtre - Tome 1 et Tome 2*. Paris, Milan, 1997

LECUCQ, Evelyne ; CARDINAUD, Alain. *Guide des pièces de théâtre à faire jouer aux enfants : 7-13 ans*. Paris, Retz, 1995

PICQ, J-Y. *Petites pièces à géométrie variable*. Givors, Color Gang, 2004

Sites Internet

www.leproscenium.com Des centaines de pièces avec un excellent moteur de recherche

www.dramaction.qc.ca De nombreux exercices, des pièces, des sketches et un forum

www.fle.fr/theatre/lienstheatre.html Regroupe de nombreux sites sur le théâtre en français langue étrangère

http://www.francparler.org/dossiers/theatre_bibliographie.htm Propose un dossier méthodologique et une large bibliographie

Articles sur le théâtre en langue étrangère

DEGERT, A. «Pratique du théâtre en classe de FLE». In *Travaux de didactique du français langue étrangère*, n° 43-44, 2000, p. 55-65

LHEUREUX, Florence. «Panorama des techniques théâtrales en français langue étrangère». In *Enjeux*, n° 35, 1995/06, p. 120-130

PETITJEAN, André ; JEDYNAK, Sylvie ; KERBRAT-ORECCHIONI, Catherine ; RYNGAERT Jean-Pierre. «L'écriture théâtrale». In *Pratiques*, n° 41, 1984/03

ROLLAND, Dominique. «À l'école du théâtre». In *Le français dans le monde*, n° 305, 1999/08, p. 55-70

SOMFALEAN, Liliana ; RINGOT, Véronique ; BEAUCHAMP, Hélène. «Théâtre et enseignement du français : le français oral». In *Dialogues et cultures*, n° 43, 1999, p. 155

THIEBAUT, N. « La pratique théâtrale : une méthode en faveur de l'expression subjective de l'apprenant : Pratique théâtrale et didactique du FLE. » In *Travaux de didactique du français langue étrangère*, n° 38, 1997, p. 229-234

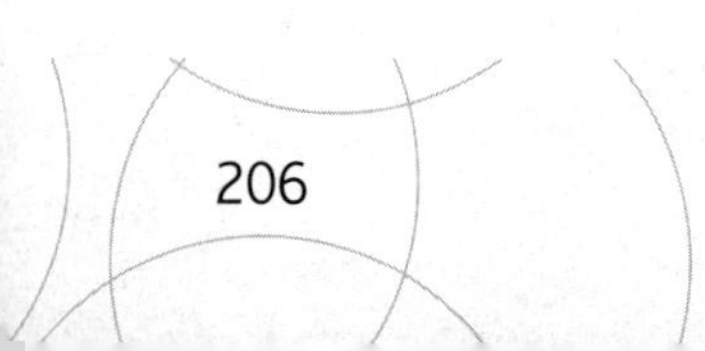

N° d'éditeur : 10166020 - Juin 2010
Imprimé en France par SEPEC